Volker Heißmann & Martin Rassau
mit Andreas Hock

# Ein Duo kommt selten allein

Komödiantische Erinnerungen

ars vivendi

Bildnachweis ©:
S. 193 oben: Comödie/privat, unten: Comödie/Christina Stuiber, S. 194: Comödie/privat, S. 195 oben und unten: Comödie/privat, S. 196 oben: Comödie/Günter B. Kögler, unten: Comödie/privat, S. 197 oben: Comödie/privat, unten: Comödie/Orlando Design, S. 198 oben und unten: Comödie/privat, S. 199 oben und unten: Comödie/privat, S. 200 oben: Comödie/Norbert Mittelsdorf, unten: Comödie/privat, S. 201 oben: Comödie/privat, unten: Comödie/Günter Distler, S. 202 Comödie/BR, S. 203 oben: Comödie/Jürgen Friedrich, unten: Comödie/ARD, S. 204 oben: Comödie/BR, unten: Comödie/Sven Grundmann, S. 205 oben und unten: Comödie/BR, S. 206 oben: Comödie/privat, unten: Comödie/Jutta Miesbach, S. 207: oben und unten: Comödie/privat, S. 208 Andreas Riedel

Erste Auflage November 2023

Bauhof 1, 90556 Cadolzburg

www.arsvivendi.com

Umschlaggestaltung: ars vivendi
Coverfoto: © Andreas Riedel, Neustadt/Aisch
Rückseite: Comödie/Sven Grundmann
Satz: ars vivendi verlag
Lektorat: Eva Elisabeth Wagner
Druck und Bindung: Pustet, Regensburg

MIX Papier aus verantwortungsvollen Quellen FSC® C014889

Printed in Germany

ISBN 978-3-7472-0528-0

## Inhalt

# Ein Vorwort von Klaus Schamberger

Sehr geehrte Leserinnen und Leser!

Vielleicht hab' ich – ohne es freilich bislang gewusst zu haben – einen schweren, aber leider schon nicht mehr behebbaren Geburtsfehler. Nämlich hab' ich das Licht der Welt vor äußerst geraumer Zeit nicht im Fürther Nathanstift erblickt, auch nicht im kleinen Umkreis von Goonsberch, Gaggalasquelln, Gustavstraße oder gar Ronhof, sondern ganz im Gegenteil – drüben im Bratworschd-Paradies, auch Mumbfl-City genannt, also in Ding, in Nämberch. Und in dieser Eigenschaft als Beinahe-oder-um-ein-Haar-Kulturhauptstädter und Gniedlaskopf muss ich jetzt schon einmal fragen müssen dürfen, ob die Fürther, speziell die zwei Fürtherinnen namens Waltraud und Mariechen, a weng übergschnappt sind? Oder dass ihnen jemand ein Brausepulver ins *Grünerla* hineingeschüttet hat. Feiern die angeblich ein sogenanntes 40-jähriges Bühnenjubiläum. Also praktisch fast schon eine goldene Hochzeit. Und zu allem Überfluss hat ihre *Comödie*, gewissermaßen ein fränkisches Volkstheater, nun auch schon 25 Jahre auf dem Buckel beziehungsweise Dachstuhl.

Da fragt man sich doch: Mit welchem Recht feiern die zwei vereinigten Zwerchfellerschütterer ausgerechnet dort, in Fürth, ihr Jubiläum? Kann ich hiermit vermelden: Mit überhaupts keinem Recht. Bloß dass Sie es wissen! Höchstwahrscheinlich haben die Buchführer und Jahreszähler in ihrem uralten Sandsteinhaus am Bahndamm ein Gedächtnis wie der bekonnteste Ockerbauer und Londwirt, der Hubsi Oiwonger, nämlich überhaupts keines. Weil die geschätzten Damen Waltraud und Mariechen und ihre noch geschätzteren Erfinder Volker Heißmann und Martin Rassau hätten zwar schon ein Jubiläum, sogar insgesamt zwei Stück. Aber keinesfalls in Färdd, sondern bei uns in Nämberch!!! Und zwar 32-jähriges Jubiläum im *Mautkeller* in der weltberühmten Königstraße und 30-jähriges Jubiläum im noch viel weltberühmteren *Stadtpark-Café* in der Bayreuther Straße. Da wie dort sind sie zum ersten und zum zweiten Mal auf einer eigenen Bühne gestanden, nachdem sie sich – wie wir in diesem schönen Büchlein noch erfahren werden – Anfang der 1980er-Jahre auf der Hans-Böckler-Realschule über den Weg gelaufen sind. Allerdings hat der Ruhm der beiden Fürther in Nürnberg nicht allzu lang angedauert, weil noch viel vorhererer haben die obersten Nürnberger Kulturverweser bekanntlich auch das Volkstheater entdeckt, bloß natürlich zehn Mal besser, mindestens.

Schließlich haben wir damals bereits einen Fitzgerald Kusz gehabt mit seinen zahlreichen Volksstücken vom *Schweig, Bub!* bis zum *Alleinunterhalter*, die fließend fränkisch sprechenden Schauspieler und Regisseure und natürlich auch -innen: Herbert Lehnert, Sofie Keeser, Michael Nowack, Hanswalter Gossmann, Barbara Thummet, den Helmut Haberkamm, Stefan Kügel, Winni Wittkopp, dann später den Matthias Egersdörfer, den Günter Stössel, das Conny Wagner Sextett, die Bulzermärtl- oder die Franken-Bänd, Herbert und Renate, die Lizzy Aumeier, das Duo Er und Sie, Klaus Karl-Kraus, Bernd Händel, Sven Bach, die Peterlesboum Revival Band, um nur einige wenige zu erwähnen. Und dazu damals noch, wie bereits beiläufig erwähnt, den Heißmann und den Rassau. Bei so zahlreichen fränkischen Volkskünstlern kannst dir denken, dass das ebenfalls außerordentlich weltberühmte Nürnberger Volkstheater mit seinen meistens sogar ortsansässigen Künstlerinnen und Künstlern Gott sei Dank heute noch existiert – wievieltes Jubiläum, kannst höchstens mit der Infinitesimalrechnung ermitteln.

Und für genau dieses Volkstheater schreibt der Kusz unermüdlich seine Stücke, dichtet und komponiert der Bernd Regenauer ganze Opern, parodiert der Händel Club-Präsidenten, den Hisel, sämtliche Oberbürgermeister. Und weil es glücklicherweise ein meistens ausverkauftes Volkstheater in Nürnberg gibt, wachsen immer wieder junge Schauspielerinnen und Schauspieler nach, die mühelos die hiesige Sprache nicht nur verstehen, sondern auch reden können, geben sich beste Musiker, Komödianten, Kabarettisten, Wortakrobaten die Klinke in die Hand. Bei so vielen Erfolgen, Resonanz und nah an der Bevölkerung sich orientierenden Kulturpolitik versteht es sich von selber, dass der Heißmann und der Rassau auf längere Sicht die Zwerchfelle der Nürnberger schon haben davonschwimmen sehen. Nur deshalb sind sie in dem seit vielen Jahrzehnten frenetisch gefeierten Nürnberger Volkstheater nicht mehr auf der Bühne gesichtet worden und in einer Nacht- und Nebelaktion über die Stadtgrenze hinüber geflüchtet in ihre Geburtsstadt. Wie diese Flucht genau ausgeschaut hat, das erfahren wir ebenfalls auf den folgenden, sehr lesenswerten rund 200 Seiten.

Möglicherweise werden Sie jetzt begierig fragen, wo sich dieses seit vielen Jahrzehnten beste Unterhaltung bietende Nürnberger Volkstheater befindet, weil Sie dann lieber noch heute als morgen in es hineingehen würden. Die Antwort ist ganz einfach: Es steht zwischen Finstergässlein und Siggsdmineddstraße im Nirwana gleich links, Ortsteil Wolkenkuckucksheim. Sollten Sie es trotz dieser genauen Ortsbeschreibung nicht finden, dann nur noch folgender Hinweis: Setzen oder stellen Sie sich in die U-Bahnlinie Numero 1, entsteigen Sie ihr, der U-Bahn, am Fürther Hauptbahnhof, wenden sich nach links, dann 500 Meter gradaus, Schwabacher Straße überqueren, Eingang linker Hand, wählen Sie im dort befindlichen Wirtshaus ein Herren- oder Damengedeck (Bratwurstgehäckbrot mit naturtrübem *Grüner*-Schnitt vom Fass), begeben sich dann in den ersten Stock der *Comödie* und feiern mit großer Freude darüber, dass es das Nürnberger Volkstheater gibt, und zwar seit 25 Jahren in Fürth; mit zwei sehr komischen und doch tiefsinnigen Künstlern, die sich vor unglaublichen 40 Jahren kennengelernt haben und zu ihrem, vor allem aber zu unserem großen Glück bis heute zusammengeblieben sind. Weil sonst hätten wir weitaus weniger zu lachen gehabt in Franken, hüben wie drüben.

## Volker Heißmann

# Schulzeit mit Show-Charakter und Wegbereiter für Harald Juhnke

Es ist Freitag, der 10. Februar 2023, gegen 23.30 Uhr. Gerade ist die diesjährige Sendung von *Fastnacht in Franken* zu Ende gegangen. Als wir die Mainfrankensäle am frühen Nachmittag für die allerletzten Vorbereitungen betreten hatten, lag die Temperatur draußen knapp unter dem Gefrierpunkt. Nun hat es in der Halle ungefähr 40 Grad, die Luft ist zum Schneiden, und der Schweiß läuft mir in langsamen Bahnen den Rücken hinunter. Neben uns gibt Ministerpräsident Markus Söder gut gelaunt ein Interview. Katja Wildermuth, die Intendantin des *Bayerischen Rundfunks*, beglückwünscht fröhlich alle beteiligten Künstler. Und Martin und ich blicken zufrieden über die sich leerenden Stuhlreihen, wo sich bis vor wenigen Minuten noch Hunderte mal mehr, mal weniger prominente Gäste vor Lachen auf die Schenkel klopften. Zumindest diejenigen, die gerade nicht durch den Kakao gezogen wurden.

In diesem Augenblick denke ich an die letzten drei Jahre, die wir alle im absoluten Ausnahmezustand verbracht haben: Wegen der Corona-Pandemie konnte natürlich auch diese Sendung nicht so stattfinden wie gewohnt. Einmal wurde die Show mit nur 50 Zuschauern aufgezeichnet, die während der gesamten Woche anwesend sein mussten – und das unter Bedingungen, die beim gleichzeitigen Besuch des Papstes, des Königs von England und des amerikanischen Präsidenten nicht strenger hätten ausfallen können. Im folgenden Jahr durften 170 dreifach geimpfte und negativ getestete, ausgewählte Gäste hinein, die dann mit FFP2-Masken im Gesicht und meterlangem Abstand voneinander an ihren Tischen saßen. Es war der reine Irrsinn. Niemand wusste, ob und wie es weitergehen würde – für die fränkische Fastnacht und überhaupt. In diesen Zeiten stand unsere gesamte Existenz auf dem Spiel, wie bei so vielen anderen auch. Es hat nicht viel gefehlt, und wir hätten unsere geliebte *Comödie*, unser Lebenswerk, unsere große Familie mit mehr als 80 Angestellten, unseren Dreh- und Angelpunkt, schließen müssen. Nun aber spüre ich, wie diese Last auf einmal abfällt.

Zu diesem Zeitpunkt ahnen wir noch nicht, dass die endlich wieder unter normalen Bedingungen stattfindende Ausgabe mit einem Marktanteil von 53,3 Prozent einen neuen Einschaltquoten-Rekord verzeichnen würde: Mehr als 3,8 Millionen Menschen werden bundesweit an diesem Abend die *Fastnacht* aus Veitshöchheim gesehen haben. Das ist für ein analoges Regionalprogramm in Zeiten von *Netflix*, *Amazon Prime*, *Apple TV* und anderen Streamingdiensten beinahe unglaublich. Aber auch ohne dieses Wissen verspüre ich gerade ein seltsames Glücksgefühl. Vielleicht liegt es am Schlussapplaus, der für uns Künstler immer die wichtigste Bestätigung unserer Arbeit ist und der heuer besonders euphorisch ausgefallen war. Vielleicht ist es der Rest des Adrenalins, das mein Körper in den letzten Stunden ausgeschüttet hat. Oder auch das Schöppchen Frankenwein, das ich vorhin hinter der Bühne getrunken habe. Aber die Leute im Saal haben während der Übertragung sehr viel gelacht, und wir alle hatten unglaublich viel Spaß bei den Proben und auch während der Live-Sendung, die ansonsten oft durch Anspannung und Hektik geprägt ist. Und das werte ich in diesem Augenblick einfach mal als gutes Zeichen dafür, dass womöglich – trotz aller Widrigkeiten da draußen, die in diesen Tagen die Schlagzeilen bestimmen – alles wieder gut werden könnte. Vielleicht sogar so schön, wie es früher war.

Kurze Zeit später, nachdem wir uns in unserer Garderobe umgezogen und halbwegs frisch gemacht haben, gehen wir zusammen mit den anderen Künstlern von der Halle quer über die Straße in Richtung Ortsmitte. Rund 300 Meter entfernt befindet sich das Haus der Begegnung, in dem traditionell die After-Show-Party stattfindet, die hier natürlich nicht so heißt. Es gibt in Veitshöchheim wunderschöne Lokale, aber weil diese so spät nicht mehr geöffnet haben, treffen sich die Beteiligten der Sendung seit ewigen Zeiten hier – in einem schmucklosen Raum, in dem an diesem Abend wohl wegen der Energiekrise darauf verzichtet worden ist, die Heizung überhaupt erst aufzudrehen. Normalerweise finden hier Senioren-Tanznachmittage statt oder Vorträge zu Themen wie Demenz. Die hintere Wand ist mit einer gemalten Stadtsilhouette verziert, der Boden ist aschgrau, und auf den großen Fensterscheiben sind dunkle Klebekrähen angebracht, damit kein Vogel von außen gegen das Glas donnert. Die weißen Stehtische sind mit Papierluftschlangen und buntem Konfetti dekoriert, und auf einem Sideboard sind Dutzende Cola-, Apfelschorle- und Wasserflaschen aus Plastik drapiert. Zumindest das Pils ist vom Fass, aber während ich mich so umsehe, kurz nach einer der erfolgreichsten Sendungen des *Bayerischen Fernsehens* überhaupt, muss ich unweigerlich daran denken, dass mich dieser karge Raum verdammt stark an einen anderen Ort erinnert: an die ebenso spartanisch eingerichtete Schulmensa im Helene-Lange-Gymnasium nämlich. Genau dort fing vor 40 Jahren alles an.

Als ich mit knapp 14 auf die Hans-Böckler-Realschule wechselte, hatte ich schon eine bewegte Schullaufbahn hinter mir. Mein Vater war zwar ein durch und durch bodenständiger Malermeister und kein Akademiker. Aber er und meine

Mutter waren der unbedingten Ansicht, ihr einziger Sohn und zweitgeborenes Kind müsse idealerweise eines Tages ein Abitur in der Tasche haben. Dieses Vorhaben allerdings stellte sich recht schnell als fataler Irrtum heraus. Das Einzige, was ich auf dem Hardenberg-Gymnasium sehr gut hinbekam, war, dass ich meine Klassenkameraden mit schöner Regelmäßigkeit zum Lachen bringen konnte. Hätte es ein Fach »Unterhaltung« gegeben, hätte ich eine Eins mit Sternchen bekommen müssen. Es gab aber leider nur Mathe, Physik, Englisch, Deutsch, Biologie und so weiter. Und weil man nicht allein für eine Zwei in Religion und Sport versetzt wurde, drohte für mich schon in der sechsten Klasse Endstation zu sein.

Da mir klar war, dass ich am Schuljahresende ohnehin würde wiederholen müssen, ging ich zur Hälfte des Schuljahres freiwillig in die Fünfte zurück, was eine echt blöde Idee war. Dort kannte ich niemanden, ich fühlte mich in der neuen Umgebung erst recht nicht wohl, und die Schule an sich machte mir noch weniger Spaß als zuvor. Das Ende vom Lied war, dass ich auch beim zweiten Anlauf in der Sechsten sitzen blieb. Nach einem einjährigen Umweg über die Hauptschule an der Maistraße landete ich also auf der »Böckler«, wie man bei uns in Fürth sagte. Hier sollte meine schulische Karriere doch noch ein versöhnliches Ende finden, hofften zumindest meine Eltern und auch ich. Die »Böckler« befand sich im sogenannten Nathanstift, einem altehrwürdigen Gebäude, das der Fürther Bankier, Stifter und Ehrenbürger Alfred Nathan 80 Jahre zuvor als Säuglingsheim hatte bauen lassen. Und auch ich sollte hier so etwas wie eine Neugeburt erfahren, bloß wusste ich das damals noch nicht.

Schon mein gesamtes Leben lang drängte es mich dazu, anderen Menschen etwas vorzuführen. Ich konnte gar nicht sagen, wie es dazu kam oder warum ich solch eine große Lust am Spiel empfand. Aber schon als Fünf- oder Sechsjähriger bespaßte ich unsere Verwandtschaft an Geburtstagen oder auf Weihnachtsfeiern mit dem Vortragen von mal ernsten, mal heiteren Gedichten oder passendem Liedgut. Verfeinert hatte ich mein Talent, über das ich allem Anschein nach verfügte, in unserer Kirchengemeinde. Wir wohnten direkt gegenüber der St. Paulskirche, und von unserem Wohnzimmer aus konnten wir praktisch direkt auf den Altar gucken. Ich musste nur die Straße überqueren, um in eine andere Welt einzutauchen. Und in der warteten von Kindergartentagen an jede Menge spannende Abenteuer auf mich: das legendäre Krippenspiel etwa, in dem ich jahrelang die beste Maria abgab, die die Fürther Südstadt jemals gesehen hatte, und in dem ich am Schluss meinen letzten Josef um mindestens zwei Köpfe überragte. Angesichts meiner überaus leidenschaftlichen Darbietung bei Jesu Geburt ist es eigentlich kaum zu begreifen, warum die Oberammergauer Passionsspiele nie auf mich aufmerksam wurden.

Außerdem sang ich für mein Leben gern, weshalb ich jeden Mittwochnachmittag meine Stimme zu Hause noch kurz mit Kaba ölte und dann losflitzte zur Chorprobe von Luise Leikam. Frau Leikam war eine warmherzige Frau, die als langjährige Kirchenmusikerin von St. Paul ein großes Herz vor allem für Kinder besaß und noch ein größeres für Kinder, die sich von ihr für den Gesang begeistern ließen. Deshalb war diese eine Stunde für mich ein absoluter Höhepunkt der Woche. Frau Leikam lehrte uns Noten lesen, brachte uns Stimmtechnik und Stimmbildung bei und erweiterte stetig unser Repertoire. Schnell folgten erste Aufführungen, die meist im Rahmen der zahlreichen Veranstaltungen unserer Gemeinde stattfanden. Als besonders ergreifend empfand ich es, wenn wir an hohen Feiertagen wie Ostern oder Weihnachten in der Kirche singen durften. An solchen Tagen schmiss ich mich besonders in Schale und zog mein wegen der Vorliebe für Kuchen aller Art etwas zu eng gewordenes

Samtjäckchen über das Flanellhemd. Es war nur logisch, dass ich irgendwann auch einem größeren Publikum unter Beweis stellen wollte, was ich so draufhatte.

1982 schlug meine große Stunde. Seinerzeit wollte ich unbedingt meine gesanglichen Fähigkeiten unter Beweis stellen und meldete mich bei einem Talentwettbewerb an, der von der Stadt im Rahmen der »Jungen Reihe« durchgeführt wurde, geleitet von Manfred Strattner, einem recht strengen Lehrer, der unter anderem über Wohl und Wehe der Fürther Nachwuchssänger bestimmte. Wer es bei ihm in die Endrunde schaffte, durfte im Stadttheater vor den vielen Eltern und anderen Angehörigen auftreten und sich den vermutlich bis dahin größten Applaus seines Lebens abholen. Die Aussicht, auf der echten Theaterbühne unserer Stadt zu stehen, war für mich beinahe so verlockend, als hätte man mir versprochen, zusammen mit meinem Vorbild Frank Sinatra im Madison Square Garden »My Way« intonieren zu dürfen. Im Vorjahr war ich allerdings mit Pauken und Trompeten beim Vorsingen durchgefallen und konsterniert wieder nach Hause gegangen. Dieses Mal aber kam ich tatsächlich weiter. Ich hatte es ins Finale geschafft und wollte es vor allem Herrn Strattner zeigen.

Dafür hatte ich mich eigens der Hochkultur gewidmet und das »Marienwürmchen« von Johannes Brahms einstudiert – sowie als musikalischen und lyrischen Höhepunkt das berühmte »Heidenröslein« in der Version von Franz Schubert, dessen Text kein Geringerer als Johann Wolfgang von Goethe geschrieben hatte. Am Klavier begleitete mich Norbert Küber, den ich aus Frau Leikams Chor kannte – und der kurioserweise später stellvertretender Leiter des *BR*-Studios Franken und in dieser Funktion verantwortlich für die Veitshöchheimer Fastnacht werden sollte. Seltsamerweise waren weder er noch ich besonders aufgeregt, obwohl ich mir im Augenblick meines Auftritts auf dieser riesigen Bühne doch etwas verloren vorkam im Schatten von Norberts Flügel. Beim »Marienwürmchen« ging noch alles gut, die Leute klatschten wohlwollend nach meinem Vortrag, und ich war zufrieden. Dann sang ich weiter: »Sah ein Knab' ein Röslein steh'n, Röslein auf der Heiden. War so jung und morgenschön, lief er schnell, es nah zu seh'n, sah's mit vielen Freuden. Röslein, Röslein, Röslein rot, Röslein auf der Heiden.« Mein Knabensopran klang nach meinem Dafürhalten wundervoll und glasklar, ich blickte stolz in die erwartungsvollen Gesichter des Publikums und zu Norbert hinüber, doch weiter kam ich nicht mehr. »Knabe sprach: Ich breche dich ... ich brche di... ch brch dch«, krächzte ich. Nichts ging mehr, ich brachte keinen einzigen Ton mehr heraus, und ich musste aufhören.

»Entschuldigen Sie bitte«, röchelte ich ins Publikum. »Ich fang' lieber noch mal an, weil ich hab' auf einmal einen kleinen Frosch im Hals, und den wollen Sie ja wahrscheinlich nicht quaken hören.«

Die Menschen fingen an zu lachen. Ich wusste nicht so recht warum, aber offenbar war mein Umgang mit diesem Lapsus unterhaltsamer als das Stück selbst. Davon ließ ich mich aber nicht aus der Ruhe bringen, schließlich hatte ich schon etliche ernsthafte Auftritte mit dem Chor in unserer Kirche auf dem Buckel – und versuchte es so lange, bis das verdammte Heidenröslein endlich gepflückt werden konnte und sich dafür mit einem Dornenstich in den Finger des Knaben rächte. Am Ende gab's ordentlichen Applaus und die Siegerurkunde in der Kategorie »Gesang männlich, Altersgruppe bis 14 Jahre«. Man kann mit Fug und Recht behaupten, dass ich an jenem denkwürdigen Tag meinen ersten Erfolg auf einer wirklich großen Bühne feierte, und selbst der kritische Herr Strattner klopfte mir danach anerkennend auf die Schultern.

»Aber das erste Mal war gar nix«, sagte er zum Abschied.

In der neuen Schule kam ich schnell zurecht. Dabei half mir, dass nach dem ersten Jahr auf der »Böckler« mein alter Freund Marcel zu mir stieß. Er musste im Prinzip nur ein Gebäude weiter, denn das Helene-Lange-Gymnasium, auf dem er nach der siebten Klasse die Segel strich, befand sich direkt nebenan. Marcel und ich kannten uns schon seit einigen Jahren aus der örtlichen Jungschar des CVJM, dem »Christlichen Verein junger Männer«, wie das damals noch hieß. Weil wir dort feststellten, abgesehen vom Musikgeschmack auf einer Wellenlänge zu liegen, hatten wir auch über den CVJM hinaus viel Kontakt und vor allem: viel Spaß. Zum Beispiel lernten wir sämtliche Sketche aus Didi Hallervordens TV-Serie *Nonstop Nonsens* auswendig, um diese dann jedem, der nicht schnell genug davonrannte, vorzuspielen. Die »Flasche Pommfritz« jedenfalls kann ich im Gegensatz zu vielen Gedichten von Goethe oder Schiller heute noch vom ersten bis zum letzten Wort aufsagen.

Marcel und ich machten auch sonst jede Menge Quatsch zusammen und überlegten schon seit einiger Zeit, ob wir diesen Quatsch nicht nur unseren Familien oder Freunden, sondern auch mal professionell vorführen sollten – oder was wir dafür hielten. In den Pausen lästerten wir leidenschaftlich über manch andere Schüler, die uns ein bisschen suspekt vorkamen. Es gab da beispielsweise einen, der knapp zwei Jahre älter war als wir, immer den großen Zampano in der Theatergruppe gab und wie ein Gockel durch die Gänge stolzierte. Zu unserer Verwunderung trug der Kerl außerdem niemals Jeans und T-Shirts wie alle anderen, sondern stets Stoffhosen und Hemden wie ein Bankangestellter oder ein Versicherungsvertreter. Sein Name war Martin Rassau.

»Der hält sich auch für den obersten Staatsschauspieler«, sagte ich eines Tages auf dem Schulhof zu Marcel, als Martin mal wieder mit hoch erhobenem Kopf vorbeischritt und uns keines Blickes würdigte.

»Ich glaube, der schwebt in ganz anderen Sphären«, antwortete Marcel. »Neulich habe ich den mal in der Fußgängerzone gesehen, da ist der an einem Infostand aufgetreten mit seiner komischen Theatergruppe.«

»Aufgetreten? In der Fußgängerzone?«, fragte ich ungläubig. »Was für ein Vogel!«

Weil ich mich aber, der Aversion Martin gegenüber zum Trotz, nun mal auch sehr für künstlerische Darbietungen aller Art interessierte, gab es immer wieder Anknüpfungspunkte zwischen uns. So fand immer am Ende eines jeden Schuljahrs die »Musische Woche« statt, an der alle Fürther Schulen teilnehmen konnten. Unser Direktor fand das alles ziemlich unsinnig, aber natürlich war Martins Schauspielkombo ganz vorne mit dabei. Und weil ich mich zu dieser Zeit neben dem Gesang auch dem Flötenspiel widmete, nahm ich ebenfalls zusammen mit meiner Flötengruppe teil. Der Höhepunkt der »Musischen Woche« war die hochoffizielle Schlussaufführung in der Mensa des Helene-Lange-Gymnasiums, weil dies der größte Raum weit und breit war. Und so standen wir beide in jenem Mai 1983 zum ersten Mal auf einer Bühne – wenn auch noch nicht zusammen.

Im selben Jahr kurz vor Weihnachten veranstaltete das Modehaus *Wöhrl* eine große Benefizaktion zugunsten der »Aktion Sorgenkind«. Die Veranstaltung sollte – gewissermaßen als »Nummernrevue«, aufgeführt von Fürther Schülern – abermals im schönen Stadttheater stattfinden. Die Firma *Wöhrl* rührte im Vorfeld kräftig in ihren fränkischen Filialen die Werbetrommel. Der gesamte Erlös kam Kindern in Not zugute, was an sich schon ein passables Argument für eine Teilnahme war. Ich hatte jedoch außerdem gehört, dass das *ZDF* deshalb sogar ein Kamerateam nach Fürth schicken und einen Beitrag über den Abend drehen würde, der dann in der Sendung *Der Große Preis* ausgestrahlt werden sollte. Das war natürlich ein Ding. Da musste ich dabei sein – und meldete mich zusammen mit Marcel beim *Wöhrl* an, um dort einige Sketche zum Besten zu geben!

Martin und ich trafen uns diesmal hinter der Bühne in der Künstlergarderobe, in der sich ansonsten die vom Intendanten engagierten Schauspieler, Opernsänger und Solisten umzogen. Wir würdigten uns keines Blickes und bekamen auch recht wenig von dem mit, was der jeweils andere den vielen Besuchern im Saal zu bieten hatte. Das Gefühl aber, Teil eines derart wichtigen Ereignisses zu sein, das vom *Zweiten Deutschen Fernsehen* sicherlich in einem mehrminütigen Bericht zur besten Sendezeit gezeigt wurde, war enorm erhebend. Als dann wenige Wochen später die Show mit Wim Thoelke lief, saß ich mit meinen Eltern und meiner Schwester aufgeregt wie ein kleines Kind an der Bescherung vor dem Fernseher und war total gespannt, was Millionen Menschen sogleich von mir und Marcels komischem Talent zu sehen bekommen sollten. Die Antwort war: rein gar nix. Der Beitrag war ungefähr drei Sekunden lang und wurde zudem nur aus dem Off kommentiert. Aber wenigstens war der Rassau auch nicht erkennbar.

1987 ging meine Schul- oder besser gesagt: meine Leidenszeit zu Ende. Ich hatte insgesamt zwei Mal wiederholt, war volljährig – und meine Lehrer meinten nur zu mir: »Volker, du bist echt ein netter Kerl, aber du kannst beim besten Willen nicht mehr länger hierbleiben!« In meinem Abschlusszeugnis wurde mir bescheinigt, »sprachlich sehr gewandt, aufgeschlossen und vielseitig interessiert« zu sein und meine Mitschüler »durch spontanes und humorvolles Verhalten erfreut« zu haben. Ansonsten aber waren meine Zensuren ein mittleres Desaster. Einer Eins in Musik und einer Zwei in Religion standen ein paar Dreier in Sport, Bio oder Geschichte gegenüber, dazu Vierer in Mathe, Physik und Chemie sowie eine glatte Fünf in Englisch. Damit ließen sich keine großen Sprünge machen, so viel war klar.

Dafür lief es künstlerisch immer besser. Die letzte »Musische Woche« hatte ich, nachdem Martin bereits einige Jahre zuvor von der Schule abgegangen war, mehr oder weniger alleine bestritten. Ich war Solist und Tänzer, spielte Ausschnitte aus *My Fair Lady*, sang Sinatras »New York, New York« und ließ mich schon recht professionell von einer Big Band und einem Chor begleiten. Mit Marcel tingelte ich außerdem inzwischen mit unserer gemeinsamen *Marcel & Volker-Show* durch die kleineren Hallen im ganzen Landkreis. Man konnte uns für Geburtstage, Vereinsfeste oder Betriebsjubiläen buchen, und aufgrund der Mundpropaganda sowie Marcels geschickter Werbestrategie mit selbst entworfenen Handzetteln und Plakaten verzeichneten wir dank einer Gage von mindestens 100 Mark am Abend einen schmalen Ruhm und einen passablen Nebenverdienst, den wir in der Fürther Kneipenmeile Gustavstraße wieder unter die Leute beziehungsweise die Gastwirte brachten.

»Ich möchte das gerne beruflich machen«, erklärte ich eines Tages meinen Eltern beim Mittagessen.

»Was möchtest du bitte schön beruflich machen?«, fragte mein Vater etwas ungläubig.

»Na – das, was ich die ganze Zeit schon mache. Ich möchte Komiker werden. Und Theater spielen.«

Mein Vorhaben wurde auch dadurch untermauert, weil ich kurz zuvor eine Zeitungsannonce gelesen hatte, in der angeblich jede Menge Nachwuchskünstler, Nebendarsteller und Komparsen für eine große Produktion mit Thomas Gottschalk in der Münchner Olympiahalle gesucht wurden. Gottschalk war gerade dabei, eine ganz große Nummer zu werden – die *Supernasen*-Filme waren erst kurze Zeit her, und in jenem Jahr hatte er einen Mega-Erfolg im Kino mit *Zärtliche Chaoten*, außerdem sollte er in wenigen Wochen *Wetten, dass ...?* von Frank Elstner übernehmen. Ich witterte meine Chance und wollte unbedingt dabei sein. Ich musste nur nach Unterföhring kommen, wo das Casting für die Gottschalk-Show stattfinden sollte. Auch davon erzählte ich zu Hause und wähnte mich schon beinahe Seite an Seite mit Thommy.

Mein Papa war bestimmt kein strenger Vater. Er und meine Mutter machten mir auch nie Vorwürfe wegen meiner schlechten Noten. Aber in diesem Augenblick wäre meinen Eltern fast das Essen im Hals stecken geblieben.

»Talent hast du ja«, sagte meine Mutter. »Das muss man dir lassen. Aber überleg doch mal, was in fünf oder zehn Jahren ist, wenn dich vielleicht keiner mehr sehen will? Wenn du dann eine Lehre machst, bist du der älteste Schüler der ganzen Berufsschule.«

Auch mein Vater versuchte, mir meine Pläne argumentativ auszureden. Das schätzte ich an den beiden: Wenn sie überzeugt waren, dass etwas uns Kindern nicht guttun würde, verboten sie es uns nicht einfach, sondern sie erklärten es uns. Und im Grunde hatten sie recht. Wenn ich jetzt eine Ausbildung begann, konnte ich anschließend immer noch meinen Traum von der Bühnenkarriere leben. Und so begann ich mich mit dem Gedanken anzufreunden, erst mal etwas Solides zu machen. Nur das Casting wollte ich noch abwarten – es konnte ja theoretisch sein, dass mein Durchbruch als Show-Star kurz bevorstand, weil ich zur richtigen Zeit am richtigen Ort war. Ein Kumpel bot mir an, mich dorthin zu fahren, weil ich noch kein Auto besaß. Als wir in Unterföhring ankamen und uns beim Pförtner angemeldet hatten, trafen wir in der Kantine, wo alle Teilnehmer warten sollten, auf eine ältere Dame mit einer Stimme wie Willy Brandt und dem Charme eines Gefängniswärters.

»Was willst du denn hier?«, fragte sie mich abschätzig und sah mich an, als hätte ich sie gerade um Geld angebettelt.

»Na, ich möchte zum Casting von Herrn Gottschalk«, sagte ich.

»Das will ich auch«, antwortete der Drachen und schob mit

einem Blick auf mich nach: »Ich dachte nur, die suchen gut aussehende Leute.«

So motiviert, gingen wir kurz darauf zur Halle. Ich stellte mich bei den Produktionsmitarbeitern vor und durfte wenig später mittanzen und sogar etwas singen. Als ich fertig war, sprach mich einer der *BR*-Leute an.

»Gar nicht übel. Wenn wir dich nehmen – kannst du für fünf Tage hierbleiben?«

»Äh, wie – fünf Tage?«, fragte ich. »Ich dachte, die Show findet nur an einem Tag statt.«

»Klar«, grinste der Mann. »Aber es gibt vorher Einzelproben, Stellproben, Durchlaufproben, Generalproben und so weiter. Das hier ist Fernsehen. So etwas dauert.«

Damit hatte ich nicht gerechnet. Fünf Tage am Stück konnte ich unmöglich wegbleiben – ich musste ja noch meine Schule abschließen. Konsterniert traten wir die Rückfahrt nach Franken an, und ich beschloss, ab dem nächsten Tag Bewerbungen zu schreiben. Aber ich war mir trotzdem sicher, irgendwann wiederzukommen. Als die Sendung wenige Wochen später im Fernsehen ausgestrahlt wurde, war ich froh, nicht dabei gewesen zu sein: Bei dem Casting wurde offenbar nur eine Fußgruppe gesucht, die fahnenschwenkend einmal durchs Bild lief. Dafür hätte sich der Aufwand nicht gelohnt. Als ich viele Jahre später Thomas Gottschalk kennenlernte, erzählte ich ihm diese Geschichte. Er konnte sich dunkel an die Show erinnern, wusste aber nur noch, dass sie grottenschlecht war. »Was man nicht alles macht«, lachte er.

Als ich überlegte, welchen Beruf ich erlernen wollte, kam ich relativ schnell auf das Hotelfach. Außerhalb der Urlaube unserer Familie hatte ich zwar noch so gut wie keine Zeit in Hotels zugebracht, schon gar nicht in großen Stadthotels, aber die Atmosphäre an sich faszinierte mich. Ich mochte auch schon immer Filme, in denen Hotels eine Rolle spielten und Menschen aus aller Welt sich begegneten. Das hatte einfach was. Weil die Fürther Hotellerie außer ein paar Frühstückspensionen nichts hergab, bewarb ich mich in Nürnberg beim *Hotel Atrium*. Das befand sich direkt neben der Meistersingerhalle, in der regelmäßig die großen Bälle der Stadt stattfanden und viele berühmte Künstler Konzerte gaben – man konnte sogar vom Hotel durch einen gläsernen Gang direkt in die Halle laufen. Außerdem war das Messezentrum nicht weit, insofern strahlte das *Atrium* als eines der ersten Häuser am Platz eine gewisse internationale Atmosphäre aus. Zu meinem Erstaunen wurde ich ein oder zwei Wochen, nachdem ich meine Unterlagen abgeschickt hatte, zu einem ersten Gespräch eingeladen. Offenbar verkaufte ich mich dabei gut, denn kurz darauf bekam ich einen Anruf, dass ich es in die engere Auswahl geschafft hatte. In der würde Inhaber Werner Rübsamen, dem neben dem *Atrium* noch andere Hotels gehörten, sich selbst ein Bild von den Bewerbern machen.

Als der Tag gekommen war, der über meinen künftigen Lebensweg entscheiden sollte, machte ich mich schick, kämmte mir die Haare zum Scheitel und wollte gerade los, als ich ein dumpfes Geräusch vernahm. Ich ahnte Schlimmes und sah sofort in der Küche nach – und tatsächlich: Es war »Bubi«, mein geliebter gelber Wellensittich, der tot auf dem Boden seines Käfigs lag. Ich war untröstlich. Aufgelöst lief ich in der Wohnung herum und vergaß völlig meinen Termin. Als ich mich wieder halbwegs gesammelt hatte, stellte ich entsetzt fest, dass ich die vereinbarte Zeit unmöglich würde einhalten können. Ich rannte aus dem Haus zur Bushaltestelle und fuhr nach Nürnberg. Dabei überlegte ich mir tausend Ausreden, wie ich mein Zuspätkommen entschuldigen sollte, aber so richtig überzeugend fand ich keine davon. Also entschloss ich mich, die Wahrheit zu berichten.

»Mein Vogel ist plötzlich von der Stange gefallen, und ich wusste nicht, was ich tun sollte. Das müssen Sie mir glauben – nur deshalb bin ich so spät dran ...«

Herr Rübsamen, ein großer und eleganter Mann, blickte mich mitleidig durch seine Brille an.

»Das will ich dir mal glauben, mein Junge. Es ist ja auch furchtbar, wenn man ein Haustier verliert.«

Wohl wegen des Gejammers über den Verlust meines Bubis vergaß der Hotelier völlig, sich meine Unterlagen zeigen zu lassen. Die waren bislang nämlich noch gar nicht zur Sprache gekommen. Und gute bis sehr gute Englischkenntnisse, wie in der Ausschreibung verlangt, hatte ich nachweislich nicht. Ich glaube bis heute, dass ich niemals im *Atrium* genommen worden wäre, hätte Werner Rübsamen gewusst, wie schlecht mein Zeugnis war. Mein Bubi hatte sich gewissermaßen geopfert, um mir eine solide Zukunft zu ermöglichen. Zum Dank habe ich ihn am selben Tag neben der Paulskirche begraben, in einem besonders schönen Schuhkarton.

Kurz darauf begann meine Lehrzeit im Hotel. Ich durchlief alsbald einige Stationen, von denen manche mehr und manche weniger erbaulich waren. Am schlimmsten war für mich der Zimmerdienst. Noch heute graust es mich beim Gedanken, ein noch warmes Bett aufzuschütteln und frisch zu machen, in dem bis vor wenigen Minuten ein wildfremder Mensch gelegen hatte. Viel spannender dagegen war, als mein Ausbildungsplan endlich die Kellermeisterei vorsah. Das bedeutete, dass ich für die Getränkelieferungen, insbesondere in die Meistersingerhalle, zuständig war, die vom Hotel mitversorgt wurde. Ich musste für Nachschub an den großen Banketten und Buffets sorgen, wenn wieder einmal eine Gala stattfand und bis zu 3.000 meistens sehr durstige Bäcker, Metzger, CSU-Politiker und andere bis in den frühen Morgen tanzten.

Das Beste aber war, dass ich in dieser Hinsicht natürlich auch mit zuständig war für den gesamten Backstage-Bereich. Und so brachte ich Hazy Osterwald immer wieder

Wodka-Nachschub, versorgte Max Greger und Hugo Strasser mit Wein und Bier – und rammte mit meinem wackeligen Transportwagen, auf dem ich pyramidenartig 20 Kästen Mineralwasser gestapelt hatte, ausgerechnet die Tür der Garderobe von Bata Illic, der sich vor seinem Auftritt größtmögliche Ruhe erbeten hatte. Meine waghalsige Konstruktion hielt dem Aufprall logischerweise nicht stand, die Hälfte der Kästen knallte auf den Boden, und als ich gerade begann, die ersten von Hunderten Scherben aus dem Apollinaris-See zu fischen, öffnete sich die Tür, und Illic kam heraus.

»Um Himmels willen! Was ist passiert?«, fragte er mich, und ich erkannte, dass er schon fertig für die Bühne angezogen war mit seinem eleganten dunklen Smoking.

»Entschuldigen Sie bitte, Herr Illic. Mir ist da ein saublödes Missgeschick passiert«, stotterte ich und stellte mich auf einen veritablen Anschiss des Schlagerstars ein.

»Oje. Na, macht doch nix, Junge. Ich helfe dir aufräumen«, sagte er nur lächelnd mit seinem prägnanten serbokroatischen Akzent, klaubte mit mir die Scherben auf, sortierte die wenigen Flaschen wieder ein, die ganz geblieben waren, und machte sich dann auf den Weg zu seinem Auftritt. Ich staunte, wie freundlich und allürenfrei dieser Illic doch war, und füllte zum Takt von »Michaela«, den ich auch hier hinten vernahm, ein paar Minuten später die Getränkebestände wieder auf.

Solche Begegnungen mit interessanten Persönlichkeiten waren natürlich für jemanden wie mich kleine Highlights im anstrengenden Berufsalltag. Nachdem ich einige Zeit später zur Rezeption wechselte, liefen mir weitere Leute mit großen Namen über den Weg – wortwörtlich sogar.

»Entschuldigen Sie, junger Mann. Wo geht's denn hier zum Schwimmbad?«, fragte mich eines Nachmittags ein Herr, der mir verdammt bekannt vorkam in seinem weißen Bademantel. Der gehörte zwar offensichtlich unserem Hotel und entstammte nicht dem Koffer mit dem Bühnenoutfit, aber in diesem Moment fiel der Groschen.

»Äh, also, hier entlang bitte, Herr Jürgens«, wies ich dem Sänger den Weg – jenem österreichischen Ausnahmekünstler, dessen Lieder ich damals schon auswendig konnte und die ich heute selbst singen darf. Udo machte am Abend im Rahmen seiner Tournee in Nürnberg Station und wollte sich vorher noch etwas entspannen.

Caterina Valente musste vor ihren vielen Fans abgeschirmt werden, Roberto Blanco brachte ich zum Hubschrauberlandeplatz, von wo aus er zum nächsten Auftritt entschwebte, und ein schon vorher als, nun ja, etwas problematisch angekündigter Gast irrte mitten in der Nacht so lange kreuz und quer durch die Lobby, bis ich mir ein Herz fasste und den nach einigen Stunden an der Hotelbar leicht derangierten Harald Juhnke sicher aufs Zimmer brachte, das er ansonsten wohl bis zum Morgengrauen nicht mehr gefunden hätte: Er hatte die Nummer, den Weg und das Stockwerk vergessen. Nicht, dass diese Augenblicke meinen Wunsch nach einer künstlerischen Laufbahn noch verstärkt hätten – der war ohnehin immer da. Aber wenn ich hier im Hotel jedes Mal die Musik von nebenan vernahm, träumte ich erst recht davon, irgendwann selbst vor einem solch großen Publikum stehen zu dürfen.

Immerhin eine kleinere Zuschauerschar erreichte ich ja schon: Dadurch, dass ich häufig unliebsame Spätdienste übernahm, konnte ich mir am Wochenende meistens freinehmen, um unsere *Marcel & Volker-Show* voranzutreiben. Wir hatten inzwischen sogar derart beachtlichen Erfolg mit unserer kleinen Nummernrevue, dass wir mit Michael Urban einen weiteren Freund mit einbanden. »Urmel«, der seinen Spitznamen nach dem Kinderbuch von Max Kruse hatte, das von der *Augsburger Puppenkiste* inszeniert wurde, kannten wir ebenfalls aus der Schule. Er kümmerte sich um die Technik und übernahm unter anderem die Rolle des Conférenciers, der die Zuschauer bei Laune hielt, während sich Marcel und ich für den nächsten Sketch umzogen. Zu Martin hatte ich in diesen Zeiten kaum Kontakt – bis auf das eine Mal, als er sich dazu herabgelassen hatte, eine unserer Vorstellungen zu besuchen. Wir hatten manchmal das Prinzip, dass jeder hinterher so viel Geld in einen Behälter werfen sollte, wie ihm das Ganze wert war. An den Betrag kann ich mich nicht mehr erinnern, aber Martin warf einen Euro-Scheck hinein. Einen Scheck! Welcher junge Mensch zahlte schon mit einem Scheck?

Meine Ausbildung näherte sich nach zweieinhalb Jahren langsam, aber sicher dem Ende – und damit stand unweigerlich auch die Entscheidung bevor, womit ich künftig mein Geld verdienen wollte. Die Tätigkeit im Hotel gefiel mir, und entgegen meiner ursprünglichen Annahme konnte ich mir gut vorstellen, mein Bühnendasein zumindest vorerst weiterhin als Hobby zu betrachten und hauptberuflich im *Atrium* zu bleiben. Und Herr Rübsamen, der mich in meinem letzten halben Lehrjahr zu seinem Assistenten befördert hatte – notgedrungen nach der Kündigung meines Vorgängers –, signalisierte mir, dass er sich vorstellen konnte, mich zu übernehmen. Schließlich war ich zuletzt sein Männchen für alles gewesen – fast alles zumindest.

»Was stellen Sie sich denn vor?«, fragte er mich.

»Ich würde gerne Ihr Direktionsassistent bleiben«, antwortete ich selbstsicher. Ich fand, dass ich den Job die vergangenen sechs Monate recht gut ausgefüllt hatte.

»Aber das geht nicht, Volker. Sie können nicht direkt nach der Lehre in die Direktion wechseln. Jetzt werden Sie erst mal Springer, und nach drei oder vier Jahren sehen wir weiter. Finanziell sind Sie da auch nicht schlechter gestellt.«

»Dann kann ich leider nicht hierbleiben«, sagte ich. »Und es geht mir auch gar nicht ums Geld, sondern um den Titel.«

Nachdem ich mich an meinem letzten Tag von allen Kollegen verabschiedet hatte und als ausgelernter Hotelkaufmann das *Atrium* durch die gläserne Schiebetür verließ, blickte ich mich noch einmal um. Hinter mir lagen drei interessante Jahre mit vielen außergewöhnlichen Begegnungen und tollen Erlebnissen. Und vor mir lag eine ungewisse Zukunft. Ich beschloss, mir erst mal ein Büro für die kommenden Aufgaben zu mieten, welche auch immer das sein würden. Bei einem Kumpel, der in einem Geschäftshaus in der Fürther Innenstadt im Obergeschoss einen kleinen Schallplattenversand betrieb, mietete ich mich für 200 Mark gewissermaßen zur Untermiete ein. Der Mietvertrag galt ab 1. März, und ich war froh, nun eine Anlaufstelle zu haben, in der ich jeden Morgen zur Arbeit erscheinen konnte. Auch meine Eltern waren halbwegs zufrieden – immerhin hatte ich jetzt wie seinerzeit versprochen einen Abschluss in der Tasche und konnte, wenn alle Stricke rissen, immer noch ein bürgerliches Leben als Hotelangestellter führen. Mein Geschäft nannte ich »Rent a Show«, und unter der Rufnummer 776437 konnten die Leute Marcel und mich nun ganz offiziell buchen. Die ersten Aufträge würden sicher bald eintrudeln.

Statt eines potenziellen Kunden rief mich Ende Februar allerdings Herr Rübsamen überraschend an.

»Ich habe mir die Sache noch mal überlegt«, sagte er mit feierlicher Stimme. »Sie haben das wirklich gut bewerkstelligt. Ich mache eine Ausnahme und stelle Sie als meinen Assistenten ein. Was sagen Sie nun?«

»Aber Herr Rübsamen«, schluckte ich. »Ich habe gestern den Mietvertrag für mein eigenes Büro unterschrieben. Das kann ich jetzt nicht mehr absagen.«

Wenn ich es darauf hätte ankommen lassen, hätte ich die Vereinbarung mit meinem Kumpel sicherlich rückgängig machen können – auch wenn der meine Miete dringend brauchte. Aber ich war schon immer jemand, der sich an das hielt, was einmal ausgemacht war. Selbst dann, wenn sich die Dinge hinterher anders darstellten als gedacht. Hätte sich mein alter Chef auch nur einen Tag früher gemeldet, wäre ich vermutlich niemals in dieses Büro eingezogen. Wer weiß, was dann aus mir geworden wäre. Vielleicht würde ich noch immer an der Rezeption stehen und statt Udo Jürgens oder Harald Juhnke heutigen Stars oder solchen, die sich dafür halten, die Wege zum Pool oder ihrem Zimmer zeigen. Werner Rübsamen verstand die Welt nicht mehr, und ich kaufte mir eine Aktentasche und wartete, ob sich jemand meldete.

Statt potenzieller Kunden meldete sich aber erst mal das Kreiswehrersatzamt. Vor drei Jahren war ich bereits von der Wehrpflicht zurückgestellt worden wegen meiner Ausbildung, nun aber wurde es unweigerlich ernst. Das war gerade allerdings ganz schlechtes Timing – immerhin war ich mir sicher, dass ich nun als aufstrebender Künstler und selbstständiger Agenturbetreiber durchstarten würde. Ich überlegte, was ich tun könnte, um dem Kriegsdienst noch mal zu entgehen, aber mir fiel nichts ein. Am selben Abend hatten Marcel und ich einen Auftritt bei einem Kieferorthopäden, der uns für die Weihnachtsfeier seiner Praxis gebucht hatte. Nachdem wir unser Programm beendet hatten, nahm mich der Arzt beiseite.

»Der Auftritt war schon okay, Volker. Aber Sie sind doch sonst so ein lustiger Typ. Belastet Sie etwas?«, wollte er wissen.

»Na ja, ehrlich gesagt schon. Ich habe morgen Musterung. Und das, wo ich mich gerade selbstständig gemacht habe ...«, antwortete ich.

»Na, wenn das so ist«, sagte er und lächelte. »Wann ist denn Ihr Termin?«

»Um zehn ...«

»Kommen Sie um sieben Uhr zu mir, dann verpasse ich Ihnen eine feste Spange. Damit werden Sie auf jeden Fall zurückgestellt.«

Gesagt, getan. Drei Stunden später stand ich vor dem Stabsarzt und grinste ihn mit dem schönsten silbernen Lächeln an, das meine schmerzenden Zähne zuließen. Mein Gegenüber war weniger freundlich.

»Warum hast du uns denn nicht vorher mitgeteilt, dass du eine feste Spange hast?«, fragte er angefressen. »Dann hätten wir uns das Ganze hier sparen können.«

»Das wusste ich ja nicht, dass Sie keinen mit Spange nehmen«, log ich und versuchte, mein Lachen zu unterdrücken.

»Wir sehen uns wieder«, sagte der Arzt, zog die Stirn in Falten und sollte recht behalten. Aber für absehbare Zeit hatte ich das Thema erst mal vom Tisch. Einen Tag später entfernte mir mein netter Kieferorthopäde das Ding wieder aus dem Mund, und ich konnte endlich mit meinen geschäftlichen Bemühungen loslegen. Fortan saß ich neben meiner aufgeklappten Aktentasche am Telefon und wartete auf Anrufe. Aller Anfang war schwer, das wusste ich natürlich. Marcel und ich waren zwar mit unserer Show nach wie vor ganz gut unterwegs, aber der große oder auch nur ein kleiner Durchbruch war noch nicht in Sicht. Vielleicht sollte ich mich mal wieder bei Martin melden. Nach allem, was man hörte, war der inzwischen ganz gut unterwegs.

## Martin Rassau
# Von der frühen Leidenschaft fürs Theater zum Miet-Butler

Als unser Klassenlehrer Horst Körner in der Gustav-Schickedanz-Hauptschule die Rollen für das Theaterstück verteilte, das wir demnächst anlässlich einer großen Schulveranstaltung aufführen sollten, verstand ich die Welt nicht mehr. Ausgerechnet der Kleinste von uns allen sollte die Hauptrolle, ebenfalls einen Lehrer, spielen. Der arme Bub war kaum größer als ein Hydrant – wie wollte denn der die nötige Präsenz auf die Bühne bringen? Ich war einigermaßen empört, ging nach der Stunde schnurstracks ans Pult und machte meinem Unmut Luft.

»Na gut, Martin, dann machst du das eben«, entgegnete Herr Körner und sah mich leicht genervt an. »Aber jetzt musst du dich anstrengen, wenn du dich hier schon so in den Vordergrund rückst.«

»Kein Problem«, sagte ich und freute mich über diese Entscheidung. Allerdings bemerkte ich erst im Nachgang, dass die Rolle mit jeder Menge Text versehen war, den ich mir wohl oder übel erst noch mühsam merken musste. So hatte ich mir das nicht vorgestellt. Klar wollte ich der wichtigste Schauspieler an besagtem Nachmittag sein. Aber dass ich dafür ein halbes Buch auswendig lernen musste, hatte mir keiner gesagt. In den nächsten Wochen fragte mich meine Mutter zu Hause jeden Abend vor dem Schlafengehen ab. Ich leierte die Passagen, die ich zuvor gelesen hatte, pflichtgemäß herunter und fand das gesamte Stück, das von Herrn Körner ausgedacht worden war, bei näherer Betrachtung ziemlich langweilig. Irgendwie musste ich dem Ganzen etwas mehr Pep verleihen. Ich wusste nur noch nicht, wie.

Als der Tag der Aufführung gekommen war, entdeckte ich in der ersten Reihe unseren Rektor Herrn Fiedler im Publikum. Er war von leicht rundlicher Gestalt, sprach immer ein bisschen affektiert und hatte die seltsame Angewohnheit, beim Gehen die rechte Schulter hochzuziehen. Nachdem die von Herrn Körner ersonnene Handlung leider ganz und gar nicht komisch war, dachte ich, dass etwas Humor dem Erfolg des Ganzen nicht schaden könne, bevor die anderen Lehrkräfte und vor allem unsere armen Eltern dort unten vollends einschliefen. Also legte ich den Lehrer, den ich spielte, so an wie Herrn Fiedler. Ich versuchte zu reden wie er und zog die Schulter hoch, wenn ich mich bewegte. Plötzlich fingen die Menschen im Saal an zu lachen. Das stachelte mich nur noch mehr an. So bestärkt in meinem Tun, ergänzte ich meinen Text spontan um einige echte Namen von anderen Lehrern und erntete prompt die nächsten Lacher. Ob meine unbeholfenen Parodien Herrn Körner und Herrn Fiedler gefielen, weiß ich nicht. Aber nach dem Ende des Stücks klopften mir etliche andere Erwachsene auf die Schulter.

»Das war wirklich großartig.«

»Selten so gelacht.«

»Das musst du unbedingt weiterverfolgen.«

Ich war selig. Das hatte richtig Spaß gemacht und vor allem: Lust auf mehr! Mein Problem war nur, dass weit und breit keine weitere Aufführung mehr anstand, und so etwas wie einen Theater-Arbeitskreis gab es auf der Schickedanz-Schule nicht. Zum Glück stand jedoch am Jahresende ohnehin ein Schulwechsel bevor. Ich war ein ganz guter Schüler, brachte einen ordentlichen Hauptschulabschluss zustande und wollte unbedingt auf eine weiterführende

Schule wechseln, was meine Eltern natürlich befürworteten. Immerhin sollte ich nach dem Willen meiner Mutter eine große Karriere bei der Deutschen Bundespost einschlagen. Weniger wegen des sicheren Beamtenstatus, den man dort genoss. Sondern eher wegen der schicken dunkelblauen Trainingsanzüge, die alle Postangestellten in der Verwaltung für ihre Freizeit erhielten und wie auch der dicke Robert einen besaß, der etwas, nun ja, wohlgenährte Sohn einer Kollegin meiner Mama. Und mit einem Hauptschulabschluss tat man sich auch damals nicht leicht, irgendwo unterzukommen – schon gar nicht beim Staat. Also wechselte ich auf die Wirtschaftsschule, die sich im selben Gebäude befand wie die Hans-Böckler-Realschule. Das hatte nicht nur den Vorteil, dass ich dort für höhere berufliche Weihen vorbereitet werden würde. Sondern vor allem den, dass es eine Schauspielgruppe gab, die man sich sogar als Wahlfach aussuchen konnte.

Es dauerte nicht lange, bis fast mein gesamter Freundeskreis sich aus dieser Umgebung rekrutierte. In dem Kurs, der von einer sehr engagierten Lehrerin namens Hanne Beer-Parge geleitet wurde, waren jene Schüler versammelt, die auf andere womöglich etwas exotisch wirkten, weil sie eben künstlerisch interessiert waren, anstatt sich auf dem Schulhof herumzuschubsen, über die neue Ausgabe der *Hitparade* zu diskutieren oder heimlich zu rauchen. Die Schauspielgruppe bot viele Möglichkeiten, sich kreativ zu betätigen. Nicht nur, dass wir auf Geheiß von Frau Beer-Parge ständig neue Stücke aus allen möglichen Genres einprobten, die wir dann zu regelmäßigen Anlässen darbieten konnten. Unsere Lehrerin ließ uns auch sonst viele Freiheiten.

Einmal etwa sollten wir die Kriminalgroteske *Die Kellergäste* von Rudolf Guder einstudieren, in der sich zwei Gangster bei einem Kriminalschriftsteller als Gasinstallateure ausgeben, um ungestört durch den Keller ins Nachbarhaus einsteigen zu können, wo sie den Besitzer kidnappen wollen. Die Rolle, die Hanne mir zugedacht hatte, war winzig klein – und wie schon damals auf der Hauptschule sah ich nicht ein, warum ich nicht ein bisschen mehr Bühnenpräsenz erhalten sollte. Und so schrieb ich vor den letzten, für drei Tage in der Jugendherberge Feuchtwangen anberaumten Proben kurzerhand einen zusätzlichen Akt, in dem ich und meine besten Freunde etwas häufiger vorkamen als bisher vorgesehen. Der gute Herr Guder, inzwischen längst im Krimiautorenhimmel, möge mir verzeihen!

Was vielleicht in der normalen Klasse nicht gut angekommen wäre, war hier anders. Die Übrigen aus unserem Kreis – die Mitschüler ebenso wie unsere nette Kursleiterin – fanden es sogar gut, wenn man sich über das übliche Maß hinaus einbrachte. Und das tat ich: Egal, ob Weihnachtsspiel vor der Michaelskirche oder lebendes Kasperltheater im Kindergarten »Tante Irmingard«, Sketche in der Schulmensa anlässlich der Abschlussfeier oder Talentwettbewerb in der Tanzschule Streng: Ich wollte, dass unsere Theatergruppe auch über die Schule hinaus Furore machte. Dafür opferten die anderen und ich jede Menge Zeit. So bauten wir unsere Bühnenbilder in Eigenleistung und schneiderten auch unsere Kostüme selbst. Und ich organisierte Anfang der 1980er-Jahre Auftritte, wo es nur ging – selbst mitten im Winter in der Fürther Fußgängerzone zugunsten der *Lebenshilfe*, samt erforderlicher Sondernutzungsgenehmigung des örtlichen Tiefbauamts. Nur der Einsatz eines Lautsprechers wurde uns nicht gestattet. Wir sollten die Weihnachtseinkäufe dann doch nicht allzu sehr stören.

Für unsere Benefizaufführung *Der Besuch* im baufälligen Berolzheimerianum – dort, wo eineinhalb Jahrzehnte später unsere *Comödie* entstehen sollte – wollte ich gar Fürths Oberbürgermeister Kurt Scherzer als Schirmherrn gewinnen, weil ich fand, dass eine solche Schirmherrschaft der Veranstaltung einen deutlich offizielleren Charakter verleihen würde. Allerdings hatte ich keine Ahnung, wie ich den vielbeschäftigten Herrn Scherzer erreichen konnte. Deshalb marschierte ich zusammen mit drei Mädels aus meiner Theatergruppe der Einfachheit halber gleich direkt ins Rathaus und klopfte beim Sekretariat.

»Was kann ich für Sie tun?«, fragte die Dame, die uns hereingebeten hatte und uns nun grimmig von oben bis unten ansah.

»Ich würde gerne den Herrn Oberbürgermeister sprechen«, sagte ich und erwartete, dass wir aufgrund unseres karitativen Anliegens umgehend vorgelassen wurden. Immerhin stand die Tür zu seinem Amtszimmer sperrangelweit offen.

»Aha. Haben Sie denn einen Termin?«

»Nö. Aber wir brauchen ihn für eine Schirmherrschaft. Wissen Sie, unsere Gruppe spielt nämlich demnächst für den guten Zweck und ...«

Weiter kam ich nicht.

»Wissen Sie was? Schreiben Sie uns am besten einen Brief oder rufen Sie noch mal an. Jetzt kann ich leider nichts machen. Der Herr Oberbürgermeister ist nicht da.«

»Aber i bin doch dou, i bin doch dou«, tönte es im breitesten Fränkisch aus dem Raum nebenan. Und so wurden wir wundersamerweise zum OB vorgelassen.

»Wissen S' was«, erklärte Herr Scherzer, nachdem wir ihm unser Anliegen vorgetragen hatten. »Des klingt fei gar ned schlecht. Ich mooch's, wenn sich junge Leid engaschiern. Also übernehm ich gern die Schirmherrschaft für Ihr Dings.«

»Das ist sehr nett, Herr Oberbürgermeister«, bedankte ich mich. »Aber kann ich das schriftlich haben?« Sicher war sicher!

Zwei Tage später erhielt ich einen Brief, in dem Herr Scherzer mir das bestätigte, was er mir bereits im Rathaus zugesagt hatte. Er fügte nur hinzu, noch nicht genau zu wissen, ob er persönlich anwesend sein konnte. Ich hielt das für eine reine Formalie, aber leider kam er wirklich nicht vorbei an jenem Aprilabend 1983 im Berolzheimerianum, der aber trotzdem ein voller Erfolg wurde: Laut meinen Aufzeichnungen sammelten wir bei den Anwesenden ganze 222 Mark und 38 Pfennige für das *Rote Kreuz* ein.

Kurz danach stand wieder die »Musische Woche« in unserer Schule an. Logisch, dass ich dabei mit einem bunten Potpourri an unterhaltsamen Szenen glänzen wollte, die ich eigens für diesen Termin geschrieben hatte: Wir führten gleich drei Sketche aus der Feder von Frau Beer-Parge auf: *Gondelfahrt in Venedig*, *Eine Fränkin in Amerika* und *Reisekantate Frankreich*. Hinter der Bühne begegnete ich einem Realschüler namens Volker Heißmann, der sich gerade auf den Auftritt mit seinem Schatten Marcel Gasde vorbereitete, mit dem er ebenfalls so etwas Ähnliches wie ein Sketchprogramm auf die Beine zu stellen versuchte. Ich hatte keine Ahnung, wer die beiden genau waren und was sie machten. Aber so gut wie wir konnten sie eigentlich gar nicht sein. Noch wusste ich nicht, dass wir uns bald häufiger über den Weg laufen würden. Zum Beispiel hinter den Kulissen der *ZDF*-Aufzeichnung für die *Aktion Sorgenkind* im Fürther Stadttheater, für die wir uns unabhängig voneinander beworben hatten. Aber keiner von uns war schlussendlich im Fernsehen zu sehen. Was für ein Flop.

Nach meinem Abschluss auf der Wirtschaftsschule blieb ich dem Theater treu – und gründete, ganz offiziell und mit notariell beglaubigter Eintragung im Vereinsregister, Ende 1983 eine eigene Schauspielgruppe: das »Fürther Komödienensemble e. V.« mit mehr als einem Dutzend Mitgliedern aus meinem Freundes- und Bekanntenkreis, dessen Vorstand ich war. Wir alle waren von Anfang an sehr enthusiastisch und probten regelmäßig mindestens ein Mal die Woche, boten ein abwechslungsreiches Programm mit selbst verfassten Sketchen und Satiren oder auch mal klassischen Stoffen wie der *Zauberflöte*. Vorwiegend traten wir in Fürther Seniorenheimen auf, weil dort immer ein sehr dankbares Publikum auf uns wartete. Aber wir wurden auch auf Betriebsfeiern, zu politischen Anlässen oder von Privatleuten eingeladen. Von Anfang an nahmen wir die Sache bei allem Spaß an der Freude sehr ernst. Manchmal zogen wir uns zu mehrtägigen Kulturklausuren in den Bayerischen Wald zurück, machten halbwegs professionelle Pressearbeit und hatten angesichts unserer Gagen, die zwischen 100 und 300 Mark pro Auftritt lagen, immerhin ein Budget von mehr als 3.000 Mark pro Jahr zur Verfügung, das wir hauptsächlich für Werbemittel, Fahrtkosten, Saalmieten oder Bühnenbilder ausgaben.

Parallel dazu bewarb ich mich für eine kaufmännische Ausbildung. Auch wenn mich meine Eltern nach wie vor lieber bei der Bundespost gesehen hätten, fand ich es zielführender, einen Beruf zu lernen, dessen fachliche Voraussetzungen ich entweder im Ensemblevorstand oder nach der Lehre zumindest ein Stück weit auch für eine andere Anstellung brauchen konnte. Ob ich aber nun Industriekaufmann, Großhandelskaufmann oder Bürokaufmann werden würde, war mir im Prinzip egal. Irgendetwas musste ich schließlich arbeiten, denn von meinem kleinen Kulturkreisel konnte ich ganz sicher nicht leben – und wollte das auch gar nicht. Wichtig war mir nur, dass mir genug Zeit blieb, dieses Hobby weiterzuverfolgen. Auf die Idee, das irgendwann beruflich zu machen, wäre ich jedenfalls nicht gekommen.

In den Wochen nach dem Ende meiner Schullaufbahn schickte ich Bewerbungen am Fließband ab und wurde auch immer mal wieder zu Vorstellungsgesprächen eingeladen.

Manchmal schaffte ich es bis zum finalen Einstellungstest – wie bei *Baumaschinen Meier*. Dann aber war Schluss, weil ich bedauerlicherweise an den mir gestellten Rechenaufgaben gnadenlos scheiterte. Ich war zwar ein durchaus passabler Schüler gewesen, aber Zahlen, Formeln und alles, was dazugehörte, waren noch nie mein Ding. Als ich schon nicht mehr mit einer Anstellung rechnete, ließ sich die Firma *Otto Stumpf* durch meine mathematischen Unzulänglichkeiten nicht davon abbringen, mir doch noch einen Arbeitsvertrag zu geben. »Gesund rundum« war das Motto der *Stumpf AG*, die als Großhandel zahlreiche Apotheken in Nürnberg und Fürth mit Medikamenten belieferte. Dort würde ich nun zum PKA ausgebildet werden, zu einem pharmazeutisch-kaufmännischen Angestellten. Ich wusste zwar nicht, was das genau bedeutete. Ich war mir jedoch sicher, dass dieser Beruf Zukunft hatte. Krank wurden die Menschen immer.

Wider Erwarten fand ich an dem Job sogar Gefallen. Neben wirtschaftlichen Inhalten wie Rechnungsstellung und Buchführung lernte ich, wie Arzneimittel hergestellt wurden, aus welchen Stoffen sie zusammengesetzt waren oder wie sie auf ihre Wirksamkeit hin überprüft werden mussten. Und ich bekam Einblicke darin, wie es manche geschäftstüchtigen Pharmazeuten schafften, fette Umsätze mit Artikeln zu machen, die der Arzt den Patienten gar nicht aufgeschrieben hatte. Als mein Ausbildungsende kurz bevorstand, erklärte mir mein Chef, mich gerne übernehmen zu wollen. Der Betrieb hatte gerade eine neue Abteilung gegründet, die sich um die Ausstattung von Apotheken kümmern sollte, um Schaufenstergestaltung, Inneneinrichtung, Dekoration und so weiter – »Frei- und Sichtwaren« nannte sich das, weil es um jene Produkte ging, die man als Kunde in den Verkaufsräumen sehen konnte. Und dort sollte ich einsteigen, was sich für mich sehr spannend anhörte, da ich hier zumindest einen Teil meiner kreativen Ader einbringen konnte. Also sagte ich zu. Ich absolvierte erfolgreich meine Abschlussprüfung – und bekam statt eines Anschlussvertrages erst mal meinen Einberufungsbefehl. Meiner weiteren Karriere im Pharmaziegewerbe stand vorerst der Dienst für das Vaterland im Weg.

Die Grundausbildung absolvierte ich in Amberg, bis ich dann in Regensburg stationiert wurde. Obwohl ich mit militärischen Hierarchien und Ritualen nie viel anfangen konnte und mir auch Waffen aller Art vollkommen zuwider waren, kam ich in der Prinz-Leopold-Kaserne einigermaßen zurecht. Das lag in erster Linie daran, dass mich der meiner Abteilung übergeordnete Hauptfeldwebel mochte – weniger wegen meines bedingungslosen Verteidigungseinsatzes oder meiner Geschicklichkeit beim Auseinandernehmen und Zusammenbauen eines Gewehrs, sondern weil ich schlichtweg besser Schreibmaschine tippen konnte als die anderen. Also wurde ich statt bei Feldübungen in der Schreibstube eingesetzt. Dort schob ich eine halbwegs ruhige Kugel, trotz des harschen Tons, der mich immer wieder aufs Neue befremdete. Andererseits konnte ich dem Soldatenleben auch etwas Gutes abgewinnen: Mit meinem Heeresausweis erhielt ich zahlreiche Ermäßigungen, unter anderem im Regensburger Stadttheater, in dem ich nun regelmäßiger Besucher war und mir immer wieder fasziniert anschaute, wie es auf größeren Bühnen zuging. Ich liebte die feierliche Atmosphäre, wenn sich der Vorhang öffnete, das Licht verdunkelte und der Saal verstummte. Eigens für diese Anlässe kaufte ich mir einen dunklen Anzug, und eines Abends saß ich derart schick ausstaffiert mal wieder in Schillers Drama *Don Carlos*, als ich eine bekannte Stimme vernahm, die nur deutlich leiser war als sonst.

»Gefreiter Rassau! Was machen Sie denn hier?«, flüsterte mein Vorgesetzter, der genau hinter mir saß.

»Ich sitze im Theater, Herr Hauptfeldwebel«, flüsterte ich zurück.

»Das sehe ich. Wusste gar nicht, dass Sie kulturinteressiert sind! Löblich, löblich.«

Mit meinem Besuch hatte ich kleiner Zinnsoldat meinem zackigen Innendienstleiter offenbar vollends imponiert. In der Folge genoss ich noch mehr Freiheiten als zuvor. Als Heimschläfer durfte ich abends von Regensburg heim nach Fürth fahren oder mir sogar mal für die Proben meines Komödienensembles freinehmen. Eines Tages schaffte ich es mit meiner Schauspielleidenschaft sogar in die Heereszeitung. Zuvor hatte ich an einem Preisausschreiben teilgenommen und zu meiner großen Freude einen dreitägigen Straßburg-Aufenthalt gewonnen. Weil mich die Pressestelle der Kompanie daraufhin für einen Bericht kontaktierte, überredete ich den Redakteur, gleich noch eine Reportage über meine Freizeitaktivitäten zu verfassen. Und so war ich die restlichen meiner Regensburger Monate in der Kaserne sogar ein kleines bisschen berühmt.

Nachdem ich meinen Wehrdient abgeleistet hatte, freute ich mich darauf, in meine alte Firma zurückzukehren. Meine künftige Aufgabe in der neuen Abteilung für Frei- und Sichtwarengestaltung entsprach mir mehr als der vorherige Verwaltungskram. Nun konnte ich endlich auch beruflich meine kreative Seite einbringen – und zeigen, was ich wirklich draufhatte. Zumindest dachte ich das. Als ich nach 15 Monaten wieder motiviert und gut gelaunt bei der *Stumpf AG* auf der Matte stand, hatte mein Chef keine besonders erbaulichen Neuigkeiten für mich.

»Es tut mir leid, Herr Rassau, aber wir haben die Stelle inzwischen an eine andere Mitarbeiterin vergeben. Bitte sehen Sie uns das nach, aber wir konnten nicht mehr länger warten. Das Geschäft brummt.«

Das war ein Ding! Es war vor meiner Zeit bei der Bundeswehr klar vereinbart, dass ich diese Stelle übernehmen sollte.

Stattdessen sollte ich nun weiter Innendienst schieben, Frachtzettel ausfüllen und Rechnungen abzeichnen. Einige Wochen fraß ich meinen Ärger in mich hinein, aber irgendwann ging es nicht mehr.

»Ach ja, ich habe heute gekündigt«, sagte ich zu meiner Mutter beim Abendessen, nachdem ich bei *Stumpf* hingeschmissen hatte.

»Bitte was hast du gemacht?«, fragte sie mich ungläubig. »Du kannst doch nicht einfach aufhören.«

»Keine Sorge, ich hab schon was anderes«, versuchte ich zu beschwichtigen – und das stimmte auch: Ein früherer Kollege hatte sich mit einem ähnlichen Geschäftsmodell selbstständig gemacht und suchte für die *ACV GmbH* einen Assistenten, der sich um elektronische Vertriebssysteme für Apotheken kümmerte. Das war zwar auch nicht das, was ich machen wollte, aber zumindest hatte ich meinen Stolz bewahrt. Statt mich um Dekoration und Ausgestaltung von Schaufenstern und Verkaufsräumen zu kümmern, sollte ich nun also spezielle Computer und die dazugehörige Software verkaufen.

Was ich allerdings dabei ein bisschen unterschätzte, war, dass ich von Computern keinen blassen Schimmer hatte. Es war Ende 1989 – damals hatte man allenfalls einen Commodore 64 zu Hause und arbeitete im Büro noch mit Schreibmaschinen und Lochkartenlesern. Die Dinger, die ich den Apothekern nun aber schmackhaft machen musste, füllten meinen gesamten Kofferraum aus, waren hochkompliziert und kosteten pro Gerät 30.000 Mark aufwärts. Ich fuhr von Laden zu Laden, baute das System auf und gab mir größte Mühe, die Vorzüge von etwas anzupreisen, das ich von vorne bis hinten nicht kapierte. Die meisten potenziellen Kunden waren freundlich, aber in knapp einem Jahr verkaufte ich nicht ein einziges Exemplar. Ich brauchte nicht allzu viel Fantasie, um mir ausmalen zu können, dass ich keine große

Zukunft in diesem Job hatte. Auch wenn mein Chef wirklich Langmut mit mir und meinem Vertriebstalent bewies und mich noch mal ein paar Monate erfolglos durch die Gegend fahren ließ: Es gab nur eine Möglichkeit, wie ich meine Fachkenntnisse und meine Kontakte sowie das, was ich eigentlich machen wollte, in bare Münze verwandeln konnte: Ich musste mich selbstständig machen. Außerdem würde ich auf diese Weise mehr Freiraum für mein Komödienensemble haben und könnte die beiden Welten noch besser miteinander verbinden. Zumindest in der Theorie.

Ich meldete mich zunächst arbeitslos, um zumindest Überbrückungsgeld zu erhalten. Und mit diesem üppigen Startkapital von etwa 300 Mark gründete ich kurz darauf mein *Apo Creativ Studio*, das ich für den Anfang von zu Hause aus führte. Wenn sich erst mal herumsprach, welche tollen Ideen ich für die Frei- und Sichtwarengestaltung auf dem Kasten hatte, würden die Apotheker bei mir sicherlich Schlange stehen, und ich konnte ordentliche Geschäftsräume anmieten. So aber war zunächst eben mein altes Kinderzimmer mein Hauptquartier. In der Folge rief ich sämtliche Kontakte an, die ich mir bei *Stumpf* und später bei *ACV* aufgebaut hatte, und versuchte, sie davon zu überzeugen, dass ihre Verkaufsräume durch mich in ein ganz neues Licht gerückt werden würden. Etwas enttäuscht, dass die ersten Aufträge auf sich warten ließen, versuchte ich jeden Tag aufs Neue mein Glück und wählte mir die Finger wund. Irgendwann erbarmte sich der Inhaber der Fürther *Mohren-Apotheke*.

»Na gut, Herr Rassau«, sagte der Eigentümer zu mir, dessen Familie das Geschäft seit Generationen führte. »Ich kenne Sie ja schon recht lange. Gestalten Sie mir mal ein Schaufenster, und dann sehen wir weiter.«

Ich witterte meine große Chance. Die *Mohren-Apotheke* befand sich direkt neben dem Rathaus und mitten in der

Innenstadt, und an ihren Auslagen liefen jeden Tag Tausende Passanten vorbei. Wenn ich mir nun eine originelle Dekoration ausdachte, würde vermutlich bald auch die Konkurrenz auf mich und meine Künste aufmerksam werden – und ich mich vor Aufträgen kaum retten können. Dergestalt angespornt, überlegte ich, welches Thema gut zu dieser Apotheke passen würde, und kam auf das Naheliegendste: Ich wollte die berühmtesten »Mohren« (damals ging man bekanntlich mit diesem heute so kritischen Thema und Begriff noch völlig ungeniert um ...) der Weltgeschichte im Schaufenster zum Leben erwecken.

»Meinen Sie wirklich, dass das eine gute Idee ist?«, fragte der Inhaber etwas befremdet. »Gibt es denn da überhaupt so viele?«

»Aber ja. Lassen Sie mich nur machen. Sie werden überrascht sein.«

Sogleich machte ich mich ans Werk. Natürlich fiel mir sofort Othello ein, der tragische Held aus Shakespeares gleichnamigem Drama, der aufgrund einer Intrige seines Gegenspielers Jago erst seine Gattin Desdemona und dann sich selbst tötet. Dann gab es da noch Monostatos aus der *Zauberflöte*, der dort aber eher eine untergeordnete Rolle spielte. Und, nun ja, noch den *Sarotti*-Mohr, der für die beliebten Schokoladen des Unternehmens Reklame machte. Sonst kam mir dummerweise keiner mehr in den Sinn. Ich malte also meine drei Mohren in liebevoller Kleinarbeit auf DIN-A3-Kartons und spannte sie an einer Wäscheleine auf. Damit ging ich dann zurück zur *Mohren-Apotheke*.

»Hmm. Also ich weiß nicht recht ...«, zögerte der Chef, war aber zu nett, um mir gleich eine Abfuhr zu erteilen.

Ich befestigte die Leine an beiden Seiten des Schaufensters und war durchaus stolz auf meine Leistung. Immerhin waren die Figuren von mir detailgetreu von den Vorlagen – zwei alte Theaterplakate und eine Vollmilchschokotafel – abgemalt und ausgeschnitten worden. Nun hingen sie gut sichtbar in der prallen Sonne und warteten darauf, von den Kunden und idealerweise auch anderen Apothekern entdeckt zu werden. Was ich allerdings nicht berücksichtigte, war, dass die Sonneneinstrahlung das bewirkte, was UV-Strahlen insbesondere mit dunklen Farben eben so anstellten: Sie bleichten sie aus. Binnen weniger Tage waren aus meinen Pappmohren gräulich helle und von der Hitze gewellte Gestalten geworden, die nicht einmal der höfliche Besitzer mehr gutheißen konnte. Er nahm sie ab und meldete sich nie wieder. Und ich schämte mich so sehr, dass ich nicht mal eine Rechnung stellte.

Mein zweiter Auftrag bestand darin, die Auslagen der Nürnberger *Humboldt-Apotheke* herbstlich zu dekorieren. Das Geschäft befand sich in der Südstadt, wo ich in den umliegenden Grünanlagen säckeweise bunte Blätter einsammelte. Außerdem packte ich meine alte Modelleisenbahn mit ein, die ich dann vor Ort durch meine pittoreske Laublandschaft gemütlich im Kreis herumfahren ließ. Die Betreiberin Ilse Kravack hatte die Apotheke erst wenige Jahre zuvor übernommen und wollte ihr Geschäft bewusst von der damaligen sterilen Küchenschrankoptik der Konkurrenz abheben. Sie lobte mich für meine Arbeit und zahlte mir mein erstes Honorar als selbstständiger Apotheken-Designer. (Später zählte sie zu den treuesten Stammgästen unserer *Comödie*, das aber nur am Rande.)

Für das Eckfenster einer Apotheke unweit der Nürnberger Kaiserburg schnitt ich mit der Laubsäge die Silhouette des weltberühmten Wahrzeichens aus. Ich hielt es für schlüssig, mit der Deko auf die Nähe des Ladens zur Burg hinzuweisen. Leider musste ich das Kunstwerk am folgenden Tag umgehend wieder abholen. Der Apotheker selbst, der bis dahin nichts von meinen Künsten mitbekommen hatte, war von einer Dienstreise zurückgekehrt und fand meine Spanplattenburg einfach nur grauenvoll. Weitere Interessenten ließen leider auf sich warten – am nächsten Tag, in der nächsten Woche und auch im nächsten Monat. Ich wollte es mir nicht eingestehen, aber mein *Apo Creativ Studio* entpuppte sich als Schnapsidee. Ich musste mir etwas anderes überlegen – und zwar schnell, bevor meine Eltern noch unruhiger wurden.

Einige Tage zuvor hatte ich bei einem Stadtspaziergang zufällig ein Hochzeitspaar gesehen, das etwas verloren vor dem Fürther Standesamt herumstand. Braut und Bräutigam sahen elegant aus, eine Menge Verwandte und Freunde umringten sie, aber ansonsten gab es nichts, was die Runde etwas feierlicher gestaltet hätte. Nun fiel mir ein, dass in meinem Kleiderschrank ein nagelneuer Frack herumhing. Den hatte ich mir zugelegt, um bei einem unserer Theaterstücke auch mal einen würdigen Conférencier abgeben zu können. Damit würde sich doch etwas anfangen lassen, dachte ich – und entwickelte einen ganz besonderen Service, den zumindest meiner Beobachtung nach in Fürth und Umgebung bis dato niemand anbot. Ich gründete *Rent a Butler* und schaltete entsprechende Kleinanzeigen in der Lokalpresse.

Tatsächlich schien ich eine Marktlücke entdeckt zu haben. Bereits am selben Tag, an dem die Annonce im *Marktspiegel* erschienen war, klingelte das Telefon. In den nächsten Tagen und Wochen wurde ich immer wieder dafür gebucht, bei Empfängen, Jubiläen oder eben Hochzeiten als livrierter Diener parat zu stehen und den Anwesenden beispielsweise von einem Tablett Champagner anzubieten. Für einen Auftrag nahm ich 150 Mark – und die Kasse klingelte. Nur meine Mama fand meinen Einfall nicht ganz so gut.

»Ich weiß nicht recht, Martin«, sagte sie. »Du stehst da rum und bedienst wildfremde Leute. Das ist doch keine richtige Arbeit. Du hast doch etwas Anständiges gelernt!«

Das hatte ich natürlich. Und ich wusste auch, dass sie recht hatte mit ihrer Einschätzung. Aber erstens verdiente ich in dieser Zeit gutes Geld mit vergleichsweise geringem Aufwand. Und zweitens wollte es das Schicksal, dass ausgerechnet mein Miet-Butler-Dienst die *Fürther Nachrichten* auf mich aufmerksam machten. Zwar hatte diese Zeitung schon öfter über unser Ensemble berichtet – und uns in schöner Regelmäßigkeit nach allen Regeln der Kunst verrissen. Nun aber schien meine Geschäftsidee interessant genug zu sein, um ein Porträt über mich zu verfassen, in dem auch mein kulturelles Engagement zur Sprache kam. Und auf den Artikel hin meldete sich Herr Kollwitz bei mir, ein ehemaliger Volkshochschullehrer, den ich mal bei einem unserer Auftritte kennengelernt hatte.

»Entschuldigen Sie, dass ich Sie so überfalle«, sagte Herr Kollwitz. »Aber ich habe ganz gute Kontakte zum *Mautkeller*. Ist Ihnen der ein Begriff?«

Der *Mautkeller* war ein riesiges Kellerlokal mit mehreren Räumen, das sich ebenfalls mitten in der Nürnberger Innenstadt befand. Ich kannte das Objekt, hatte es aber mehr als gastronomische Touristenfalle abgespeichert.

»Der Wirt ist ein guter Bekannter von mir«, sagte der Anrufer. »Und ich weiß, dass er dort gerne ab und zu ein Kulturprogramm anbieten möchte. Vielleicht wäre das ja was für Sie und Ihre Gruppe.«

Ich war mir nicht sicher, ob das Repertoire, das wir draufhatten, wirklich in den *Mautkeller* passte. Die bierselige Gemütlichkeit, die dort herrschte, war eher nicht die passende Umgebung für Tucholsky oder Goetz. Aber womöglich konnte ich dort einige meiner Sketche aufführen. Vielleicht sollte ich mal wieder den Heißmann anrufen. Vor einiger Zeit hatte ich mir sogar dessen Show mit Marcel Gasde angesehen, wenn mir auch der Abend ganz und gar nicht gefiel. Trotzdem gab ich den beiden ein Trinkgeld, weil sich das so gehörte, und schrieb »Drei DM« auf einen Euro-Scheck. Immerhin war ich Geschäftsmann, da bezahlte man auf diese Weise.

Inzwischen hatte ich allerdings gehört, dass Marcel im Sommer 1990 recht überraschend ausgestiegen war. Er hatte sich wohl in eine Frau verknallt und wollte nicht länger mehrere Abende im Monat auf einer Bühne stehen, sondern lieber zu zweit auf einem gemütlichen Sofa sitzen. Volker hingegen machte allein weiter und hatte derweil sogar eine eigene Schallplatte mit dem Titel *Gestatten, Volker Heißmann* aufgenommen sowie zehn Tage lang ein gleichnamiges Solo-Programm im Berolzheimerianum gespielt. Umtriebig war der Kerl ja schon, das musste ich ihm lassen. Also sprang ich über meinen Schatten und meldete mich bei ihm.

Erstaunlicherweise verlief das Gespräch recht harmonisch. Wir stellten schnell fest, dass wir trotz aller Gegensätze mehr gemeinsam hatten, als wir ursprünglich dachten. Kurz darauf setzten wir uns zusammen und entwickelten zügig unser erstes gemeinsames Programm – eine launige Weihnachtsrevue, die wir nun in der bevorstehenden Vorweihnachtszeit einigen Vereinen anboten. Außerdem verdienten wir uns etwas Geld dazu, indem wir auf dem Nürnberger Christkindlesmarkt einen Glühweinstand schmissen, an dem wir die Kunden außer mit lauwarmem Alkohol auch noch mit frechen Sprüchen versorgten. Für den Anfang des neuen Jahres vereinbarten wir dann mit Herrn Kollwitz einen Termin bei Reiner Most, dem Pächter des *Mautkellers*. Wir konnten uns ja zumindest mal anhören, was der sich so vorstellte.

## Volker Heißmann

# Die Laune ist im Keller: Unsere erste eigene Bühne

Der Blick in den *Mautkeller* war sehr ernüchternd – obwohl hier ganz offenkundig dem Alkohol in hohem Maße zugesprochen wurde. Als Martin und ich im Januar 1991 erstmals die steilen Treppen hinunterstiegen, roch es nach kaltem Rauch, abgestandenem Bier und den Resten deftigen fränkischen Essens vom Vortag. Das Lokal hatte fast 900 Plätze, verteilt auf mehrere Räume, und befand sich im Untergeschoss der Mauthalle, einem historischen Sandsteingebäude mitten in der Nürnberger Innenstadt, rund fünf Minuten entfernt vom Hauptbahnhof. Die Lage war super, daran bestand kein Zweifel. Aber ob wir genauso super hierher passten, da war ich mir nicht so sicher. Bei einem Blick in Martins Gesicht bemerkte ich, dass er genauso unsicher war. Reiner Most lehnte mit verschränkten Armen an einer Säule und rauchte.

»Da seid ihr ja«, donnerte er uns freudig entgegen und führte uns in ein dunkles, lang gezogenes Nebenzimmer im hinteren Teil des Riesenwirtshauses. Der Raum war kahl, schlecht beleuchtet, nicht belüftet und hatte außer dem eigentlichen Zugang auch noch eine zweite Tür an der hinteren Wand, von der sich nicht sagen ließ, wohin sie führte. Das Materiallager des *Atrium*-Hotels, aus dem ich einst die Getränke nach oben brachte, war nur unwesentlich ungemütlicher als das hier.

»Hier könnt ihr spielen«, sagte er, breitete die Arme aus und machte ein Gesicht, als stellte er uns gerade die Mailänder Scala zur Verfügung. »Na – was sagt ihr?«

Most stammte wie wir aus Fürth, und zusammen mit seiner Mutter Clara war er als Nachfolger seines Vaters der letzte Pächter des legendären und 1982 abgerissenen Geismannsaales, in dem immer an Fasching die berüchtigten Starkbierfeste stattfanden. Von daher war uns der Mann ein Begriff und wir ihm. Schnell wurde allerdings klar, dass es ihm eher nicht um die Förderung der fränkischen Kleinkunst ging oder darum, zwei jungen Komikern ein Obdach zu gewähren. Sein Geschäft brummte vor allem an Weihnachten, wenn ihm die Christkindlesmarkt-Touristen die Bude einrannten – oder wenn in Nürnberg die großen Messen stattfanden. Ansonsten aber musste er kämpfen, die vielen Plätze des *Mautkellers* vollzubekommen, und wir sollten ihm dabei helfen. Martin und ich berieten uns kurz. Schön war es hier nicht. Aber immerhin hatte Nürnberg fünf Mal so viele Einwohner wie Fürth und wir damit fünf Mal so viele potenzielle Gäste. Und irgendwie wäre das Nebenzimmer so etwas wie ein eigenes Theater, wenn auch mit externem Gastronomieanschluss. Außerdem waren wir in den letzten Wochen wider Erwarten zu einem eingespielten Team zusammengewachsen. Das hätte ich nicht gedacht.

Gemeinsam waren wir in der abgelaufenen Weihnachtszeit als »Kellerführer« bei der *GEFA* gebucht worden. Das war eine Nürnberger Likörfabrik, die den meisten Umsatz im Winter mit ihrem weithin bekannten Glühwein erzielte. Findige Busunternehmen karrten damals, im Jahr nach der Wende, die Menschen aus den neuen Bundesländern zu Hunderttausenden nach Nürnberg, ließen sie ihr Begrüßungsgeld abholen und anschließend wieder in der Stadt ausgeben. Eine der dabei angebotenen Attraktionen war eben jene Kellerei mit ihrem riesigen Gewölbe, die schnell erkannte, dass das Geschäft noch besser lief, wenn man die Leute bei der Werksführung und der anschließenden Verkostung zum Lachen brachte. Und dafür waren wir vorgesehen – und bespaßten somit die glühweinseligen Ostdeutschen, bis sie wieder in ihren Bus zurückmussten. Nebenher jobbte ich, wie schon erwähnt, in einer von der *GEFA* betriebenen Glühweinbude am echten Christkindlesmarkt, und Martin sprang das ein oder andere Mal für mich ein, wenn ich keine Zeit hatte. Wir ahnten noch nicht, wie wichtig diese skurrilen Erlebnisse mit lauter volltrunkenen Touris in der Fabrik oder auf dem Markt für uns bald werden würden. Jedenfalls hatten wir auf eine recht kuriose Art zueinandergefunden, und eine eigene Spielstätte wäre der logische nächste Schritt.

»Alles klar. Wir machen das«, sagten Martin und ich zu Reiner Most. »Aber dass wir uns nicht falsch verstehen – eine Miete können wir uns nicht leisten.«

»Ganz einfach: Ihr bekommt euren Eintritt und ich den Getränkeumsatz«, klärte der Wirt abschließend die Fronten. Damit war es offiziell.

Was uns in diesem Moment noch nicht ganz einleuchtete, war, wie wir die Leute, die Martin und mich bereits aus unseren jeweiligen vorherigen Engagements kannten, in eine Kellerschwemme nach Nürnberg locken sollten. Ohne Werbung und einen griffigen Namen würde das nicht funktionieren. Wir überlegten und überlegten, und ich kam schließlich auf eine Idee.

»Lass uns das Ding doch ›Lachsack‹ nennen«, sagte ich und sah Martin erwartungsvoll an – nur um im selben Augenblick zu bemerken, wie bescheuert er diese Bezeichnung fand.

»›Lachsack im *Mautkeller*‹, das geht überhaupt nicht«, schüttelte er den Kopf. »Du kommst manchmal vielleicht auf Ideen.«

»Also ich finde das gar nicht schlecht. Es soll ja auch originell sein«, verteidigte ich mich.

»Auf keinen Fall! Das klingt wie ein Kasperletheater«, schimpfte Martin, und wir stritten noch eine ganze Weile weiter, bis ich um des lieben Friedens willen aufgab und den Lachsack beerdigte.

Wir dachten weiter nach. Wir waren beide sehr theateraffin und kannten natürlich jene Häuser, an denen wir uns inhaltlich idealerweise orientieren wollten und die bereits seit vielen Jahren einen großen Erfolg beim Publikum verzeichneten: das *Kommödchen* in Düsseldorf, die *Komödie am Ku'damm* in Berlin oder die *Komödie im Bayerischen Hof* in München.

»Irgendwas mit Komödie wäre schon gut«, sagte Martin. »Da wissen die Leute gleich, dass es lustig ist.«

»Aber wir sind ja viel kleiner«, gab ich zu bedenken.

»Dann nennen wir es eben ›Kleine Komödie‹«, riefen wir fast gleichzeitig. Das war's! Die *Kleine Komödie Nürnberg* war geboren. Wir bastelten ein entsprechendes Schild, für das allerdings außen an der ehrwürdigen Mauthalle kein Platz mehr war vor lauter Brauereischildern, Leuchtreklamen und Speisekartenkästen. Also befestigten wir es direkt unten an der Eingangstür zum Lokal, wo wir zumindest diejenigen erreichten, die schon für zwölf Nürnberger Bratwürste, einen Schweinebraten, ein Schnitzel oder einfach nur drei bis sechs Halbe Bier in den *Mautkeller* gekommen waren. Vielleicht würden wir sie ja neugierig machen auf unser Programm.

Das wiederum stand relativ schnell fest: Jeder von uns sollte ein Solo spielen – Martin mit humorig dargebotener klassischer Musik, ich mit ein paar altbekannten Gags und einigen Liedern, zu denen mich mein Kumpel Stefan Porzner auf dem Keyboard begleiten sollte. Und dann planten wir noch eine gemeinsame Sketch-Revue, von der wir aber noch nicht wussten, wie genau sie aussehen sollte. Sehr zum Leidwesen meines neuen Partners.

»Wollen wir nicht mal proben?«, fragte Martin immer wieder zaghaft und wurde ungeduldiger, je näher die Premiere rückte.

Er kannte das aus seinem Ensemble logischerweise nur so und war in dieser Hinsicht äußerst gewissenhaft. Aber zusammen mit Marcel hatte ich gelernt, so gut wie möglich zu improvisieren. Ich brauchte kein Skript oder gar einen fertigen Text, den ich nur noch auswendig lernen musste. Ich verließ mich darauf, dass die besten Gedanken stets dann kamen, wenn man sie benötigte. Wichtig war nur, dass jemand da war, der darauf reagierte, was ich machte. Sobald wenigstens ein oder zwei Besucher lachten oder klatschten, schossen mir die witzigen Sprüche in den Kopf. Und ein oder zwei Besucher würden am Anfang schon vorbeikommen – zumindest unsere Eltern und Geschwister ließen uns sicher nicht im Stich. Danach würde man sehen. Im Mai sollte es losgehen. Wir ließen für den ersten Monat eine Broschüre mit den drei Stücken drucken, die wir uns für den Anfang in der *Kleinen Komödie* überlegt hatten, und legten diese aus. Auch wenn Martin wegen unserer gemeinsamen Vorstellung kurz vor dem Nervenzusammenbruch stand. Proben wollte ich nämlich immer noch nicht.

Die Gestaltung des Raumes ließ derweil schwer zu wünschen übrig. Ich besaß zwar noch die 20 Tische, die ich vor einiger Zeit in der *IKEA* für die *Marcel & Volker-Show* angeschafft hatte. Über eigene, dazu passende Sitzgelegenheiten aber verfügten wir nicht, also mussten wir notgedrungen die schweren Holzstühle nehmen, die von der Brauerei für die Gaststätte bereitgestellt worden waren. Beides, die klapprigen *IKEA*-Dinger und die massiven Wirtshaussessel, passten in etwa genauso gut zusammen wie ein Schäuferla mit Pommes, was sich die ausländischen Messegäste regelmäßig im *Mautkeller* servieren ließen. Es ging aber nicht anders. Weitaus schlimmer als diese optische Unzulänglichkeit allerdings war, dass wir keinerlei Möglichkeit hatten, uns für unsere Auftritte um- oder auch nur zurückzuziehen. Deshalb bastelten wir einen wackeligen Verhau aus Stoff, den wir hinter unsere provisorische Bühne stellten. Es sah nun alles in allem aus wie auf einem Flohmarkt, das war uns aber egal. Wir konnten immerhin 80 Gäste empfangen, darum ging es – und das fühlte sich gut an. Für die nötige Beleuchtung sollten zwei Baustrahler sorgen, die mein Vater uns aus seinem Malerbetrieb zur Verfügung stellte. Dazu beschafften wir uns noch einen alten Scheinwerfer, für dessen Bedienung wir allerdings noch jemanden finden mussten. Zum Glück kannten wir viele Leute.

»Außerdem brauchen wir einen Vorhang und ein Bühnenbild«, sagte Martin – und hatte damit natürlich recht. Ohne solche Utensilien brauchten wir unser Theater gar nicht erst in Betrieb zu nehmen. Für den Vorhang begaben wir uns in einen Handarbeitsladen, kauften ein paar Meter Stoff, knüpften diesen an ein Stahlseil und spannten alles zwischen den beiden Seitenwänden auf. Herr Most beobachtete unser Bemühen mehr oder weniger gleichgültig. Er hoffte nur, möglichst viele Speisen und Getränke zusätzlich zu seinem normalen Gasthausbetrieb verkaufen zu können, wenn wir denn einmal spielten. Die Sache mit dem Bühnenbild indes gestaltete sich etwas schwieriger. Wir waren selbst nicht in der Lage, uns einen würdigen Hintergrund für unsere Stücke anzufertigen – und die Zeit drängte.

»Ich kann das für euch machen«, bot uns auf einmal Herr Kollwitz an, mit dem wir immer mal wieder in Kontakt standen und dem wir ja eigentlich die *Kleine Komödie* zu verdanken hatten. Kollwitz hatte nach seiner Tätigkeit an der Volkshochschule einige einschlägige Kurse besucht und erstellte seitdem große Kulissen für das städtische Theater. Offenbar war er da wohl recht gut aufgestellt.

»Wir haben aber momentan leider kein Geld, um Sie zu bezahlen«, sagten Martin und ich zerknirscht. Mit insgesamt 10.000 Mark Startkapital aus unseren Ersparnissen und dem Lohn für die *GEFA*-Auftritte sowie dem Glühweinverkauf waren wir zusammen in das Projekt gestartet und hatten in den vergangenen vier Monaten alles für Drucksachen, Kostüme, Accessoires und anderes Material ausgegeben. Nun waren wir pleite und mussten erst wieder etwas Kohle verdienen, um etwaige Investitionen tätigen zu können.

»Kein Problem«, sagte Herr Kollwitz. »Beteiligt mich doch einfach mit zehn Prozent an euren Einnahmen, dann baue ich euch die Bühnenbilder für das ganze Jahr.«

Das klang gut, und wir beauftragten ihn mit der Herstellung. Einen Tag vor der Eröffnung sollte alles fertig sein. Als er an jenem Dienstag voller Tatendrang in den *Mautkeller* kam und uns bat, ihm beim Ausladen zu helfen, traf uns beinahe der Schlag. Kollwitz hatte rollenweise Packpapier mit abstrakten 50er-Jahre-Motiven bemalt. Die orangenen und blauen Kringel wirkten nicht nur total unprofessionell auf all den braunen Bögen, sondern waren derart aus der Zeit gefallen, dass sie selbst in der ersten Sendung vom *Blauen Bock* anno 1957 altmodisch gewirkt hätten.

»Aber das passt doch überhaupt nicht zu uns«, erklärten wir entsetzt. »Das können wir so nicht nehmen.«

Wir versuchten, so freundlich wie möglich zu bleiben, denn wir wollten den guten Kollwitz ja nicht vor den Kopf stoßen. Er war aber so beleidigt, dass er sich auf dem Absatz umdrehte und nicht mehr in der *Kleinen Komödie* auftauchte. Wir sollten erst ein Jahr später wieder von ihm hören. Nun musste schnellstmöglich Ersatz her. Ich fuhr nach Fürth und holte in meiner Not das alte Bühnenbild aus der *Marcel & Volker-Show*. Das passte zwar nicht wirklich in unser Nebenzimmer, aber es war deutlich professioneller als die Packpapiervariante. Und immerhin fing Martin auch mit »M« an.

Wenigstens hatten wir etwas, das halbwegs unser kleines Stoffkabuff verdeckte.

Am Mittwoch, dem 8. Mai 1991 um Punkt 20 Uhr, ging es los. Martin zuliebe waren wir am Nachmittag doch noch mal den Abend durchgegangen, sonst wäre er wahrscheinlich kurz vor dem Start gestorben. Wir hatten unsere Familien und Freunde eingeladen und hofften insgeheim darauf, dass der Nürnberger Oberbürgermeister oder wenigstens der Kulturreferent vorbeischauten, für die wir extra zwei Plätze freigehalten hatten. Immerhin handelte es sich um ein neues Theater in der Stadt, da schien es uns eine Selbstverständlichkeit, dass sich die Lokalpolitik blicken ließ. Wir luden zudem das örtliche Feuilleton ein, aber auch diese Stühle blieben leer. Nur ganz hinten im Raum saß eine Dame, die wir vom Sehen kannten: Marlene Quatro, eine Klatschreporterin, die in der Nürnberger *Abendzeitung* eine eigene Rubrik hatte – gewissermaßen die weibliche und fränkische Ausgabe von Baby Schimmerlos. Wir freuten uns enorm, dass Frau Quatro gekommen war, wussten aber nicht, ob sie auch etwas über uns und unser Stück schreiben würde. Promis jedenfalls waren weit und breit keine da.

Erst als wir anfingen zu spielen, bemerkten wir den ein oder anderen Nachteil, der uns bislang am *Mautkeller* so nicht aufgefallen war, weil wir fast nur tagsüber vor Ort gewesen waren. Nicht nur, dass die U-Bahn direkt unter dem Gebäude durchfuhr, was dank des neu eingeführten Sieben-Minuten-Takts zu regelmäßigen Erschütterungen auf den Tischen führte. Und die Tür, von der wir bislang nicht wussten, wohin sie führte, entpuppte sich als Notausstieg aus dem Bahnschacht – der jedoch Gott sei Dank nie benutzt wurde. Auch die Toilettensituation stellte sich schnell als nicht gerade optimal für einen Theaterbetrieb heraus. Da wir uns ganz hinten in diesem Labyrinth aus verschiedenen

Gastzimmern und Funktionsräumen befanden, die Klos aber entgegengesetzt direkt neben dem Eingang waren, mussten sich nicht nur unsere Besucher jedes Mal einen Weg durch Hunderte andere Gäste bahnen, sondern natürlich auch wir, sodass wir manchmal nach der Pause zu spät zurück auf die Bühne kamen, weil auf den viel zu kleinen WCs schrecklich viel los war.

Nach ein paar Minuten, Martin und ich agierten gerade in unserem ersten Sketch, flog die Tür auf und ein vollkommen verschwitzter Kellner mit einem Tablett voller Gläser kam herein.

»Wer hat denn das Hefeweizen?«

»Wo kommt das Radler hin?«

»Das dunkle Bier war bei Ihnen?«

»Schweinshaxe ist leider aus!«

So ging das dann in regelmäßigen Abständen. Offenbar hatte Herr Most keinem seiner Angestellten gesagt, worin der Unterschied zwischen einem Theaterbetrieb und dem wöchentlichen Stammtisch der Nürnberger Kleingärtner bestand. Jedenfalls brüllte der für unser Zimmer zuständige Ober jedes Mal quer durch den Raum, wenn er eine Bestellung aufnahm oder servieren wollte. Wir mussten dringend mit Herrn Most reden, wenn wir den Abend irgendwie überstanden hatten.

Als nach zwei anstrengenden Stunden alles vorbei war, waren wir erschöpft, aber glücklich. Unsere Familien und die engsten Freunde hatten sich augenscheinlich gut amüsiert. Wir stießen mit allen an, sprachen noch kurz mit Marlene Quatro und hofften, am nächsten Tag in der *AZ* zu erscheinen. Dann packten wir unsere Kostüme ein sowie die Blumensträuße, die wir zur Eröffnung bekommen hatten, und fuhren schweigend heim nach Fürth. Egal, wie es nun weitergehen sollte – diesen Tag würden wir nie vergessen, so viel stand auf jeden Fall fest. Und so war es auch.

Zwei Tage danach erschien tatsächlich ein Artikel in der *Abendzeitung*. Marlene, die später eine gute Freundin von uns werden sollte, hatte eine sehr nette Kolumne über die Veranstaltung verfasst. Trotzdem lief der Kartenverkauf danach sehr schleppend. Es gab Abende, da spielten wir vor sieben oder zehn Leuten – und einem grimmig dreinblickenden Herrn Most, der um seinen Umsatz fürchtete. Im Schnitt kamen zunächst rund 20 bis 25 Gäste, was wir uns natürlich etwas anders vorgestellt hatten. Doch diejenigen, die gekommen waren, bestärkten uns darin, auf dem richtigen Weg zu sein. Wir mussten trotzdem mehr tun, um die Hütte voller zu bekommen. Also klapperten wir die Kartenvorverkaufsstellen in der Nürnberger Innenstadt ab und überredeten die dortigen Verkäuferinnen, uns in ihr Angebot aufzunehmen.

Die meisten Damen, die etwa im Karstadt oder bei der Agentur Hörtnagel arbeiteten und ansonsten Tickets für das Opernhaus oder die Meistersingerhalle verkauften, für Konzerte mit Eric Clapton, Elton John oder den Nürnberger Symphonikern, freuten sich, dass wir stets für eine kleine Plauderei Zeit hatten. Sie waren es gewohnt, dass allenfalls eine Aushilfe der großen Institutionen vorbeikam und die übrig gebliebenen Karten abholte. Wir aber erschienen selbst, machten gleich noch etwas Eigenwerbung für die *Kleine Komödie* und luden sie auch mal zu uns ein, sodass wir bei den meisten schnell einen Stein im Brett hatten.

»Das wird schon noch«, trösteten uns Ingrid und Karin, die uns immer mit besonders traurigem Blick den Stapel aushändigten, der meistens noch exakt so groß war wie zu dem Zeitpunkt, als wir ihn bei ihnen vorbeibrachten. »Aber wir erzählen allen unseren Kunden, wie lustig es bei euch ist«, versprachen sie bei jeder unserer Stippvisiten – und freuten sich mit uns, wenn sie ausnahmsweise mal einen Verkauf vermelden konnten.

Logistisch aber war der Vorverkauf eine große Herausforderung. Unsere 20 Tische waren durchnummeriert und hatten jeweils vier Plätze, die wir jedes Mal aufs Neue per Hand mit dem jeweiligen Datum auf die Tickets schreiben mussten, was schon nervig genug war. Das eigentliche Problem bestand aber darin, eine ordentliche Aufteilung für unseren Raum hinzubekommen. Wenn etwa Tische direkt an der Bühne frei blieben, weil wir erst am Veranstaltungstag genau wussten, welche Karten wo verkauft worden waren, mussten wir die Gäste von hinten nach vorne setzen, um nicht gegen eine leere Reihe anzuspielen. Selbstverständlich kam es dabei oft zu Pannen, wenn wir nicht aufgepasst hatten und Tischnummern vertauschten. Es gehörte im ersten Jahr fast schon zu einem festen Ritual, dass etliche Leute kreuz und quer durch den Raum irrten und nicht mehr wussten, wo sie sich hinsetzen sollten. Immerhin konnten wir das Chaos gut als Basis für eine neue Nummer verwenden. Auch wenn es für Martin nach wie vor fürchterlich war, dass er nachmittags oft noch nicht wusste, welche Sketche am Abend neu dazukommen sollten. Ich war mir hingegen sicher, dass ein Gag nicht besser wurde, wenn man ihn vorher vier oder fünf Mal durchprobte.

Unsere Eintrittspreise begannen bei 12 Mark. Es ließ sich also leicht ausrechnen, dass wir mit unseren bisherigen Einnahmen keine großen Sprünge machen konnten, weshalb wir beide auch noch zu Hause wohnten. Trotzdem ließen wir es uns gutgehen. Wenn wir nach einem Auftritt ein besonders gutes Gefühl hatten – mochte er auch vor maximal halb vollen Rängen stattgefunden haben – verschlug es uns oft ins *La Traviata*. Das war ein kleines italienisches Restaurant schräg gegenüber, passenderweise in der Theatergasse, obwohl das eigentliche städtische Theater mehr als einen Kilometer Luftlinie entfernt stand.

Dort gab es auch spät noch etwas zu essen, und der Patrone, ein Parade-Italiener namens Carmine, freute sich, wenn wir mit einer Handvoll unserer Gäste bei ihm eintrudelten. Ob es an uns zwei Komikern lag oder einfach daran, dass sonst um diese Zeit weit und breit kein weiteres Lokal mehr geöffnet hatte, weiß ich nicht, aber schnell versammelten sich außer uns auch noch allerhand andere skurrile Figuren im *La Traviata*, um zu feiern, zu trinken – und sich die italienischen Arien anzuhören, die der Koch schmetterte, wenn es für ihn in der Küche mal nichts zu tun gab. Und so saßen wir oft bis tief in die Nacht bei Pasta und Wein zusammen mit einem alternden Zauberer im Paillettenjackett, dessen Tricks regelmäßig in die Hose gingen; einem pensionierten Stepptänzer, der über den Parkettboden wirbelte wie Fred Astaire nach einem Leistenbruch, oder einer schon etwas in die Jahre gekommenen sehr eleganten Dame – sie hatte wohl einst zur besseren Gesellschaft gehört und erzählte immer von ihren Pudeln, die diverse Kunststückchen vorführen konnten. Auch wir steuerten zu der illustren Runde unsere Späße bei, und vielleicht war diese Zeit die unbeschwerteste unseres Lebens.

Der Ernst holte uns nur dann wieder ein, wenn wir uns mit den Unwägbarkeiten des Theaterbetriebs im *Mautkeller* auseinandersetzen mussten – auch wenn die bisweilen ebenfalls durchaus komisch sein konnten. An einem kalten Februartag beispielsweise sahen wir uns nach dem Hinabsteigen in den Keller plötzlich von Hunderten maskierter Menschen umgeben. Jede Menge Piraten, Cowboys, Indianerhäuptlinge und dazugehörige Squaws, Meerjungfrauen und Astronauten feierten lautstark, während eine zwölfköpfige Blaskapelle noch lautstärker die einschlägigen Gassenhauer wie den »Ententanz« in Endlosschleife intonierte. Wir waren von Herrn Most natürlich nicht darüber informiert worden, dass er an jenem Tag eine riesengroße Faschingsparty im ganzen Wirtshaus durchführte. Und so tanzten während unseres Auftritts grölende Polonaisen vor unserem Eingang vorbei oder kamen immer wieder Besoffene hereingeschneit, die entweder das Klo nicht fanden oder einen ruhigen Raum suchten, wo sie mit ihrer Karnevalsbekanntschaft knutschen konnten. Da wir zu dieser Zeit noch ohne Mikrofon auftraten und zwei Stunden gegen den Tumult draußen anschreien mussten, war danach zumindest für den Rest der Woche die Stimme im Eimer.

Auch die zahlreichen Studentenverbindungen, die ihre Kneipen im *Mautkeller* abhielten, waren nicht wirklich in Einklang zu bringen mit der konzentrierten Ruhe, die wir eigentlich für unsere Arbeit und unser Publikum für einen anständigen Theatergenuss benötigten. Wenn besonders große Kommerse geschlagen wurden wie am sogenannten Thomastag, wo sich Verbindungen aus ganz Deutschland in Nürnberg trafen, übertönten »Burschenherrlichkeit« und »Gaudeamus igitur« noch jede Pointe; von den dumpfen Knallgeräuschen der Schläger der Chargierten ganz zu schweigen.

Einmal schmiss der Schenker während des laufenden Betriebs hin, weil er sich von seinem Chef ungerecht behandelt fühlte, was ein heilloses Chaos im gesamten Restaurant und logischerweise auch bei uns auslöste. Noch schlimmer war es, als wir auf die Idee kamen, *Theater à la Carte* anzubieten, also die Show mit einem Drei-Gänge-Menü zu kombinieren. Weil sich Most weigerte, für den Abend einen zweiten Kellner für uns abzustellen, hatten wir keine andere Wahl, als die mehreren Dutzend Leberknödelsuppen, Schweinelendchen und Apfelstrudel mit Vanillesoße selbst zu servieren, bevor wir wieder auf die Bühne stiegen und weiterspielten.

Eines anderen Tages kamen wir spätnachmittags in unser Nebenzimmer, um die Vorstellung vorzubereiten, als wir eine Küchenzeile erblickten, die quer in den Raum gebaut worden war. Wir dachten zunächst an eine Fata Morgana oder wenigstens eine Halluzination – vielleicht hatten wir den letzten Grappa bei Carmine gestern nicht vertragen. Beim zweiten Hinsehen war die Küche allerdings immer noch da, inklusive Herd, Waschbecken, Backofen, Kühlschrank. Und an unseren Tischen, die nicht für den Block hatten weichen müssen, saßen eine Handvoll Menschen und füllten Fragebögen aus. Wir eilten einmal mehr zu Reiner Most und stellten ihn zur Rede.

»Ja mei, ich hab den Raum heute ausnahmsweise mal an eine Marktforschung vermietet«, rechtfertigte er sich. »Ich dachte, ihr braucht den erst am Abend?«

»Ja schon«, antwortete Martin. »Aber da steht eine Küche mittendrin.«

»Müsst ihr halt drumherum spielen. Oder ihr kocht euren Gästen was Schönes«, lachte er und zog von dannen.

Als die Marktforscher und die Probanden gegangen waren, schafften wir es mit vereinten Kräften, das Ding irgendwie an die Seite zu hieven und unsere Show durchzuziehen.

Wenig später bemerkten wir einen üblen Geruch, der sich im Raum festgesetzt zu haben schien. Wir hatten schon vorher immer wieder festgestellt, dass es hin und wieder etwas müffelte, führten das aber auf die mangelnde Abluft zurück, den U-Bahn-Schacht und darauf, dass ein Kellerlokal naturgemäß keine Fenster besaß. Nun aber war der Gestank unerträglich geworden, weshalb wir das Zimmer akribisch absuchten – und schnell fündig wurden: In einer dunklen Ecke hinter einem der Tische hatten ein paar Mäuse offenbar schon vor einiger Zeit den Freitod gewählt und waren von den Reinigungskräften nicht entdeckt worden, so diese im Gegensatz zu den kleinen Nagetieren überhaupt den Weg in die *Kleine Komödie* fanden. Wir vermuteten nämlich, dass unser geschätzter Gastgeber auch an dieser Kostenstelle gerne etwas sparte, weshalb wir öfter selbst zu Eimer und Lappen griffen.

Um überhaupt über die Runden zu kommen, hatten wir das »Rent a Show«-Konzept von Marcel und mir sowie unsere guten Kontakte, die Martin und ich uns während der vielen vorherigen getrennten Engagements aufgebaut hatten, miteinander verknüpft. So konnten wir neben dem Theaterbetrieb immer wieder auf lukrative Aufträge bei diversen Feierlichkeiten zurückgreifen, die uns finanziell enorm weiterhalfen.

»Jetzt seid ihr zwei schon wieder da«, klagte etwa augenzwinkernd die Fürther Szene-Wirtin Heidi Sänger, die mit ihrem Restaurant *Kartoffel* und dem dazugehörigen Festsaal in der Gustavstraße im Sommer wöchentlich Hochzeitsgesellschaften ausrichtete, für die wir in schöner Regelmäßigkeit gebucht wurden. Auch im noblen *Hotel Forsthaus*, dem *Bammes* in Buch oder dem Nürnberger *Maritim Hotel* gehörten wir fast ebenso zum Stammpersonal wie der jeweilige Oberkellner, so oft gingen wir dort mit unseren Bühnenkoffern, der Spanischen Wand und den vier Barhockern, die wir für unsere Nummern brauchten, ein und aus. Auch den damaligen bayerischen Innenminister Günther Beckstein lernten wir in dieser Zeit sehr gut kennen, da wir ihn gefühlt drei Mal pro Woche irgendwo trafen – beim Sommerfest der *DATEV*, dem Jubiläum der GfK oder dem Richtfest eines wichtigen Neubaus.

Diese Auftritte hatten zum einen den Vorteil, dass sie uns durch die Gagen ermöglichten, immer professionellere Werbematerialien für den *Mautkeller* anzuschaffen (inzwischen konnten wir uns dadurch sogar ein Stempelkind leisten: Ein Schüler namens Sebastian wurde von uns dafür bezahlt, die Karten anständig durchzunummerieren, was uns immerhin eine gute Stunde Arbeit pro Abend ersparte). Zum anderen sprach es sich bei jenen Menschen, die wir mit »Rent a Show« erreichten, herum, dass man uns auch in unserem eigenen Theater in Nürnberg erleben konnte, wenn einem der Auftritt denn gefallen hatte. Und so bemerkten wir, dass die Zuschauerzahlen langsam, aber stetig anstiegen.

Als abermals die Weihnachtszeit bevorstand, wollten wir ein humoristisches Ausrufezeichen für Nürnberg setzen. Die gemeinsamen Führungen durch die *Kellerei GEFA* und vor allem die Erfahrungen in der Glühweinbude auf dem Christkindlesmarkt bildeten die Basis für unsere *Weihnachtsrevue*, die wir im Dezember 1991, ein halbes Jahr nach dem Einzug in den *Mautkeller*, das erste Mal spielten. Es war verrückt, aber offenbar hatten wir mit diesem Konzept, die Weihnachtszeit und ihre alltäglichen Absurditäten durch den Kakao beziehungsweise den Punsch zu ziehen, eine regelrechte Marktlücke gefunden. Von Anfang an waren fast sämtliche Vorstellungen ausverkauft, und Ingrid und Karin von der Vorverkaufsstelle strahlten uns euphorisch an, wenn sie uns mal wieder mitteilen konnten, dass für den Abend alles vergriffen war.

Mit Werner Hauser, den ich aus Fürth kannte, wo er am Stadttheater in der Produktion *Mary Poppins* mitgewirkt hatte, engagierten wir einen Vollblutmusiker, der uns für 250 Mark Gage am Keyboard begleitete. Das war für uns zwar eine Menge Geld. Trotzdem war er jeden einzelnen Pfennig wert, denn Werner hatte alles drauf, was musikalisch mit Weihnachten zu tun hatte, und noch viel mehr. Dadurch wurde unsere Revue richtig professionell. Die Reihen füllten sich Abend für Abend mehr, und am Ende blieben nur die zwei Stühle frei, die wir noch immer sicherheitshalber für den Nürnberger Oberbürgermeister und seinen Kulturreferenten reserviert hatten. Beide Herren, Peter Schönlein und Hermann Glaser, sollten uns bis zum letzten Tag, den wir künstlerisch in dieser Stadt verbrachten, meiden. Viele Jahre später habe ich Herrn Schönlein mal darauf angesprochen, und er meinte nur zu mir, dass er eben das kulturelle Defizit Nürnbergs vertrete. Da fiel nicht mal mir etwas dazu ein.

Die *Weihnachtsrevue* wurde unser absoluter Dauerbrenner, den wir übrigens immer wieder in nur leicht abgeänderter Form bis heute spielen – mehr als 30 Jahre später. Es gab nicht wenige Tage, da haben wir das Programm zwei oder drei Mal hintereinander absolviert. Und einmal, genauer gesagt am 20. Dezember 1992, traten wir um 11, 14, 17 und 20 Uhr insgesamt sogar vier Mal auf, weil sich ausnahmsweise das Lokalfernsehen angekündigt hatte. Als die vierte Show zu Ende war, hatten wir nicht nur für dieses Jahr von Weihnachten die Schnauze voll. Wir beschlossen außerdem, so etwas nie wieder zu machen, nur wegen ein paar Mark mehr in der Kasse. Wenn wir irgendwann die Freude am Spielen verlieren, dann schaufeln wir unser eigenes Grab. So weit wollten wir es niemals kommen lassen. Und so weit kam es Gott sei Dank auch nie.

Wie auch immer: Mit dem Schwung dieses unerwarteten Erfolges starteten wir in unser zweites Jahr. In unserem 1992er-Programm *Dou machsd wos mied* – also »Da machst du etwas mit« – traten das erste Mal zwei ältere Damen in unser Leben, die fortan ein fester Bestandteil unserer Programme werden würden und unser künstlerisches Dasein prägen sollten wie niemand sonst. Ihre Namen waren Waltraud und Mariechen, und wir trafen sie gewissermaßen in einem Kaffeehaus, das sich ganz in der Nähe der Mauthalle befand und in dem wir öfter auf ein Stück Torte einkehrten, wenn uns im Keller mal wieder die Decke auf den Kopf fiel. Wie wir diese beiden verrückten Witwen kennenlernten, das ist aber eine andere Geschichte, die wir später erzählen.

An den ausverkauften Abenden beliefen sich unsere Einnahmen auf immerhin gut 1.000 Mark, sodass wir nun beschlossen, mit der *Kleinen Komödie* in die Vollen zu gehen. Im Frühjahr beauftragten wir Jürgen, einen Bekannten von uns, der sich als Schreinermeister selbstständig gemacht hatte, mit der Erstellung eines repräsentativen Bühnenportals. Bislang hatte noch immer unser provisorischer Vorhang am Stahlseil die Zuschauer begrüßt, nun aber sollte eine maßgefertigte Holzkonstruktion einen würdigen Rahmen für unsere Aufführungen bieten. Jürgen machte uns einen Kostenvoranschlag über 10.000 Mark. Das war natürlich eine Hausnummer, aber er würde wochenlang an dem Portal arbeiten, und außerdem wäre es eine enorme Aufwertung des gesamten Raumes und damit des Theaters. Also nahmen wir das Angebot an und warteten gespannt auf das Ergebnis.

In der Zwischenzeit erreichte uns Post vom Fürther Amtsgericht. Als wir das Schreiben öffneten, trauten wir unseren Augen kaum. Es war die Mitteilung darüber, dass uns Herr Kollwitz verklagt hatte. Er stand auf dem Standpunkt, dass ihm noch eine Menge ausstehendes Honorar zustand für die Bühnenbilder, die er nie angefertigt hatte – von der Packpapierkatastrophe abgesehen. Wir hatten ihm zwar zehn Prozent unserer Einnahmen versprochen, waren aber logischerweise davon ausgegangen, dass sich die Sache erledigt hatte, nachdem wir ihn nach seinem Abgang nie mehr wiedersahen. Das taten wir dann wenige Wochen später vor Gericht. Und zu unserem Entsetzen gab der Richter Kollwitz auch noch recht. Obwohl wir keine wirkliche Vereinbarung mit ihm getroffen hatten, sondern nur eine schwammige Absichtserklärung bestanden hatte, mussten wir ihm 9.000 Mark bezahlen. Das war ein echter Tiefschlag, denn nach dem erteilten und bezahlten Auftrag an Jürgen und der Begleichung dieser Strafe waren wir abermals pleite. Ich kratzte verzweifelt alles zusammen, was ich irgendwie an Geld auftreiben konnte, und lieh mir noch dazu etwas von meinen Eltern. Und Martin verkaufte seine Handvoll SAP-Aktien, zu deren Kauf ihm sein ehemaliger Chef Anfang der 90er-Jahre geraten hatte. Hätte er sie behalten, wäre er vermutlich damit Multimillionär geworden. So jedoch konnten er und ich mit Müh und Not Herrn Kollwitz ausbezahlen.

Wenigstens die neue Einrichtung nahm Formen an. Als es im Spätsommer endlich so weit war und sich Jürgen gerade daran machte, die Einzelteile des imposanten Bühnenportals miteinander zu verschrauben, stand Reiner Most in der Tür und machte ein Gesicht, als würden wir gerade seine Zapfanlage demontieren.

»Was wird das denn, wenn's fertig ist?«, fragte er uns, und wir hörten schon an seinem Tonfall, dass irgendetwas im Busch war.

»Unser neues Bühnenportal. Haben wir doch erzählt«, sagte ich und wunderte mich, warum er nicht mehr wusste, dass wir darüber natürlich längst gesprochen hatten.

»Ach so. Ganz schön mächtig. Na ja, müsst ihr wissen«, sagte er. »Ich haue hier zum Jahresende sowieso ab.«

»Was soll das heißen, zum Jahresende?«, fragten Martin und ich – und bemühten uns, nicht augenblicklich in Ohnmacht zu fallen. Wir hatten gerade die größte Investition unseres Lebens getätigt, die in diesem Augenblick millimetergerecht ins Nebenzimmer eingepasst wurde, und wussten jetzt nicht, ob wir überhaupt hierbleiben konnten. Most erklärte uns, dass ihm der *Mautkeller* zu abhängig von großen Veranstaltungen sei und er sich künftig lieber auf ein kleineres Objekt konzentrieren wolle, mit dem er besser planen könne. Deshalb habe er seinen Pachtvertrag zum 31. Dezember gekündigt. Für uns bedeutete seine Entscheidung, dass wir womöglich ab dem 1. Januar heimatlos wären – ausgerechnet jetzt, wo die *Kleine Komödie* gerade anfing, sich beim Nürnberger Publikum einen Namen zu machen. Noch stand nicht einmal fest, ob sich überhaupt jemand fand, der das Lokal übernehmen würde. Und selbst wenn die Brauerei einen neuen Wirt fand, war es vollkommen unsicher, dass dieser auch ein Theater mit zwei abgebrannten Fürther Komikern duldete. Wir waren fix und fertig.

»Wo gehen Sie denn hin?«, fragte ich, nachdem ich mich wieder etwas gesammelt hatte, den Mann, der uns gerade die schlimmste Nachricht überbracht hatte, die wir uns in diesem Moment vorstellen konnten.

»Ich übernehme das *Stadtparkrestaurant*. Das gehört diesem Kulturverein«, antwortete er.

»Kennst du das?«, flüsterte ich Martin zu, und er schüttelte den Kopf. Davon, dass es im Nürnberger Stadtpark ein Lokal gab und sogar einen Verein, der sich mit Kultur beschäftigte, hatten wir beide noch nie zuvor gehört.

»Vielleicht wollt ihr ja mit?«, fragte Reiner Most.

## Martin Rassau

# Zwei Fürther erobern Nürnberg: Unser komödiantisches Abenteuer im Stadtpark

Als wir das Gebäude mitten im Nürnberger Stadtpark betraten, waren wir erstaunlicherweise angetan vom dortigen Ambiente. Wir hatten uns das Haus ganz anders vorgestellt, aber es wirkte innen viel größer und heller als von außen, wo es einen eher unscheinbaren, altmodischen und dunklen Charakter ausstrahlte. Der Bau bestand aus mehreren Räumlichkeiten, darunter einem Saal und einem Bierkeller, einem recht ansprechenden Restaurant und einer Terrasse, die an einen künstlichen See grenzte, auf dem ein paar Dutzend Enten schwammen. Most führte uns ein bisschen zu begeistert herum und verkaufte uns sein neues Lokal als idealen Ort, um endlich am großen Rad drehen zu können. Wir waren trotz der positiven ersten Eindrücke skeptisch, hatten jedoch im Prinzip keine andere Wahl, als auf sein Angebot einzugehen. Die Brauerei war noch immer auf der Suche nach einem neuen Pächter für den *Mautkeller*, außerdem hatten wir ein weiteres Problem, das uns gerade schwer beschäftigte: Kurz zuvor hatten wir ein Schreiben der GEMA erhalten. Wir kannten die Organisation natürlich, waren aber der Meinung, wegen der paar Playbacks, zu denen Volker seine Lieder sang, oder der Stücke, die Werner und Stefan auf ihren Keyboards spielten, nicht abgabepflichtig zu sein oder wenn, dann nur in einem sehr geringen Umfang. Diese Einschätzung stellte sich leider als fataler Irrtum heraus.

»Die wollen 40.000 Mark von uns«, sagte Volker fassungslos, nachdem er den Brief geöffnet hatte.

»Dann können wir zusperren«, antwortete ich. »Wir müssen mit denen reden. Da kann doch was nicht stimmen.«

Nachdem wir uns vom ersten Schock erholt hatten, riefen wir bei der GEMA an und erklärten, was wir in unserem winzigen Kellertheater überhaupt machten, dass wir etwa keine Pausenmusik verwendeten und die musikalische Untermalung unserer Shows allenfalls aus ein paar ollen Kamellen bestand, die idealerweise bereits rechtefrei waren. Es stellte sich heraus, dass die Summe deshalb so hoch ausgefallen war, weil wir keinerlei Meldungen eingereicht hatten und die GEMA daraufhin eigene Hochrechnungen anstellte. Zumindest zum Teil konnten wir diese nach langem Hin und Her, zahllosen Schreiben und verzweifelten Telefonaten widerlegen, sodass wir uns schließlich auf eine deutlich geringere Abgabe einigten, die wir in monatlichen Raten abstottern konnten. Doch auch wenn wir nun das Allerschlimmste erst mal verhindern konnten, mussten wir dringend Geld verdienen, um finanziell wieder auf einen grünen Zweig zu kommen. Insofern kam uns der Umzug gerade recht, denn der Saal im Stadtpark würde unsere bisherige Kapazität ungefähr vervierfachen.

»Den Saal könnt ihr nicht haben«, sagte Reiner Most. »Den brauche ich für meine großen Veranstaltungen. Ihr kommt ins Foyer.«

Volker und ich sahen uns irritiert an.

»Welches Foyer?«, fragten wir unseren Wirt, der schon wieder sein eigenes Ding zu machen schien, bevor wir überhaupt mit eingezogen waren.

»Na hier«, erklärte er – und drehte sich mit ausgebreiteten Armen im Kreis. »Das ist doch super. Und groß genug.«

Wir blickten uns um und überlegten, wie wir aus diesem Schlauch, der sich zwischen dem eigentlichen Eingang ganz vorne, dem Restaurant auf der linken Seite und dem Saal befand, ein Theater machen sollten. An sich war der Raum gar nicht schlecht. Er besaß einen eleganten Marmorboden, holzvertäfelte Wände, und am hinteren Ende befand sich sogar eine eigene, recht großzügige Bar. Man brauchte etwas Fantasie, weil ansonsten nichts weiter darin herumstand. Aber mit unserem Bühnenportal, den Tischen, entsprechend vielen Stühlen und ein wenig Deko ließ sich daraus vielleicht tatsächlich etwas machen.

»Wenn der Jürgen das Portal umbaut und ordentlich einpasst, könnte das nach was aussehen«, meinte Volker.

»Da hast du recht«, sagte ich. »Probieren wir's.«

Nachdem wir unsere Tische aus dem *Mautkeller* hierhergebracht hatten, stellten wir fest, dass das Foyer deutlich mehr Plätze bot als ursprünglich angenommen. Wir mussten etliche Exemplare in der *IKEA* nachkaufen und konnten nun sage und schreibe 190 Gäste empfangen. Das war gar nicht schlecht – immerhin entsprach das im besten Fall beinahe dem doppelten Umsatz im Vergleich zu vorher. Und der war bitter nötig: Jürgen hatte inzwischen das Portal aufwendig umgebaut und berechnete uns einige weitere Tausend Mark für Material, Transport und natürlich seinen Aufwand. Wenn das schon ein Freundschaftspreis sein sollte, wollten wir nicht wissen, was er von seinen anderen Kunden für seine Schreinerarbeiten verlangte. Dafür sah das Teil, das musste man ihm lassen, auch hier recht imposant aus, und wir mussten im *Mautkeller* nichts zurücklassen, außer vielleicht ein paar toten Mäusen.

Für passende Stühle allerdings hatten wir definitiv kein Geld mehr. Daher liehen wir uns für unsere Vorstellungen die Sitzmöbel aus dem vorhandenen Inventar, das vorwiegend aus grünen Veloursssesseln bestand und von jemandem ausgesucht worden sein musste, der entweder farbenblind oder vollkommen betrunken gewesen war – oder sogar beides. Als wir von unserer leicht erhöhten Bühne in den Raum schauten und auf das lindgrüne Meer blickten, das sich rund um unsere schwedischen Billigmöbel gruppierte, mussten wir selbst lachen, so scheußlich sah das aus. Aber erstens war es am Abend, wenn wir unsere Programme begannen, meistens schon dunkel. Und zweitens würden die Menschen eher weniger der geschmackvollen Optik wegen hierherkommen, sondern um sich unterhalten zu lassen. Und dass wir das konnten, davon waren wir mittlerweile durchaus überzeugt. Immerhin blieb Reiner Most bei der bisherigen Regelung, dass wir keine Pacht an ihn entrichten mussten, dafür aber die Leute zum Essen und vor allem zum Trinken animieren sollten.

Wir starteten im Januar 1993 mit einem neuen Spielplan, aber schon einige Wochen danach stellten wir fest, dass neben Most und uns auch die altbekannten Probleme vom *Mautkeller* in den Stadtpark mit umgezogen waren. Es begann damit, dass wir uns eines Nachmittags, als wir das Foyer gewissenhaft für den Abend vorbereiten wollten, mitten in einer riesigen Kinderfaschingsparty wiederfanden. Der Raum war voll mit Konfetti, Luftschlangen, Ballons – vor allem aber voller tobender und verkleideter Jungen und Mädchen, die keinerlei Anstalten machten, uns in Ruhe aufbauen zu lassen.

»Hab ich euch das gar nicht gesagt?«, gab unser Wirt einmal mehr das Unschuldslamm. »Aber macht euch nix draus, bis fünf sind die garantiert draußen.«

Das waren sie natürlich nicht – und das Ende vom Lied war, dass sich unsere ankommenden Gäste an den nur äußerst zögerlich abrückenden Kids vorbeischieben mussten, während wir noch notdürftig versuchten, die zahlreichen Überreste der Faschingsfeier zu beseitigen und unsere Sitzplätze aufzubauen. Genauso holprig verlief die Abreise der Besucher eines türkischen Beschneidungsfestes, das Most wenig später ebenso unabgesprochen im Saal eingeplant hatte. Wer einmal ein solches Event erlebt hat, der weiß nicht nur, wie wichtig dieser lautstarke und farbenfrohe Anlass für die jeweiligen Familien ist, sondern auch, dass solche prächtigen Riesenfeiern mit Hunderten ausgelassener Brüder, Schwestern, Onkel, Tanten, Neffen, Nichten und anderer Verwandter nicht einfach dann zu Ende gehen, wenn die Uhrzeit erreicht ist, die vorher als Veranstaltungsende vereinbart wurde. Ausbaden mussten solche Extrageschäfte immer wir, aber inzwischen waren wir in dieser Hinsicht wahre Meister im Improvisieren.

Ärgerlich wurde es nur dann, wenn wir durch Mosts Alleingänge in unserer Arbeit behindert wurden. Zu unserem neuen Wirkungsfeld gehörte glücklicherweise auch eine abschließbare Garderobe – was einen professionellen Quantensprung im Vergleich zu unserem notdürftig abgehängten Kabuff im *Mautkeller* darstellte. Eigentlich handelte es sich um keine echte Garderobe, sondern um einen Nebenraum des Foyers, der ansonsten großspurig als »Goethe-Zimmer« für Meetings vermarktet wurde. Der Raum ließ sich abschließen, sodass wir unsere Bühnenutensilien nicht jedes Mal aufs Neue hierhertransportieren mussten, sondern vor Ort hängen lassen und uns dann auch noch in aller Ruhe umziehen konnten. So zumindest war der Plan, der immer wieder dadurch durchkreuzt wurde, wenn Reiner Most das Zimmer für eine Tagung vermietete und wir plötzlich unsere Sachen mitten in unserem Theater wiederfanden, wo sie natürlich während der Vorstellung nicht bleiben konnten. Aus diesem Grund fuhren wir abermals in unser Lieblingsmöbelhaus und kauften uns kurz entschlossen einen ebenfalls abschließbaren Wandschrank, den wir in den Nebenraum montierten und so verhinderten, dass uns wieder jemand die Kostüme zwischen die Tischreihen stellte. Verhindern, dass die Tagungsteilnehmer auf dem Weg zur Toilette durch unser dunkles Theater irren mussten und unseren Zuschauern auf die Füße stiegen oder versehentlich Gläser umwarfen, konnten wir allerdings nicht.

Seinem fast notorischen Sparkurs blieb unser Vermieter auch im Stadtpark treu, sodass wir nun überhaupt keinen Kellner mehr für den Service zugeteilt bekamen. Stattdessen sollten wir – beziehungsweise unsere Besucher – die vorhandene Bar nutzen und dort die Getränke per Selbstbedienung abholen. Deshalb und weil im Raum striktes Rauchverbot galt, an der Bar seinerzeit aber selbstverständlich noch geraucht werden durfte, herrschte während der Vorstellungen immer ein reger Fußgängerverkehr von den Plätzen zum Tresen und wieder zurück. Erschwerend hinzu kam, dass der Getränkeverkauf an ein Fürther Ehepaar namens von Frankenberg unterverpachtet war. Die von Frankenbergs führten vorher ein bürgerliches Gasthaus in unserer Heimatstadt und befanden sich nun im wohlverdienten Ruhestand. Um sich ihre Rente etwas aufzubessern, übernahmen sie dann aber von Herrn Most die Foyer-Bar auf Kommissionsbasis.

Auch Herr und Frau von Frankenberg frönten mit großer Leidenschaft dem Nikotingenuss und rauchten vor, während und nach unseren Shows Kette. Das brachte es mit sich, dass Volker und ich des Öfteren auf der Bühne standen und das andere Ende unseres Theaters gar nicht mehr erkennen konnten. Stattdessen erahnten wir die an der Bar anwesenden Personen nur an den rot glühenden Punkten, die sich wie von Geisterhand von links nach rechts zu bewegen schienen. Ansonsten durchbrach die Nebelwand nur der regelmäßige dumpfe Raucherhusten von Herrn von Frankenberg sowie die durch jahrelangen Marlboro-Genuss dunkel gefärbte Stimme seiner Gattin, die in unnachahmlicher Art wieder eines der anderen Glühwürmchen fragte:

»Also wos mogsdn edz? Krisdall- oder Hefeweizn?«

Bier mochten wir nicht besonders, aber Volker und ich genehmigten uns seinerzeit vor jeder Vorstellung bei den von Frankenbergs, die abgesehen von ihrer Qualmerei recht umgängliche Zeitgenossen waren, einen Piccolo. Nicht, um unsere Nervosität zu bekämpfen, sondern eher als kleines Ritual, um auf den bevorstehenden Abend anzustoßen. So gestärkt, drehten wir richtig auf. Schon nach wenigen Wochen, in denen wir zusammen mit Jürgens Hilfe das Foyer auf Vordermann brachten und Urmel außerdem noch einiges an neuer Technik installierte (zum Beispiel ein professionelles Mischpult, von dem aus er alle Scheinwerfer bedienen konnte), waren wir mit einem eigenen Faschingsprogramm gestartet, das ein Jahr zuvor bereits im *Mautkeller* einen beachtlichen Erfolg beim Publikum erzielt hatte: *Nämberch wäis stinkt und lacht* – eine Anspielung auf die meist recht ernsthaften Prunksitzungen, die beispielsweise unter dem Motto »Nürnberg, wie es singt und lacht« stattfanden. Wir machten uns darin über den Fasching, seine Vereine, die Offiziellen und ihre seltsamen Gepflogenheiten lustig – und konnten noch nicht ahnen, dass wir in gar nicht allzu ferner Zukunft ebenfalls ein Teil davon werden würden.

Im darauffolgenden Sommer wagten wir uns dann an ein Stück, das ein echter Meilenstein in unserer Laufbahn wurde – und das unser gemeinsames Schaffen bis heute prägen sollte. Schon bei der Namensgebung unserer *Kleinen Komödie*, die nun im Stadtpark den Zusatz »*Nürnberg*« erhielt, hatten wir uns ja an den klassischen Boulevardtheatern orientiert, die wir damals so sehr bewunderten, die sich aber seit den späten 80er-Jahren auf einem absteigenden Ast befanden. Die ganz großen Zeiten, in denen westdeutsche Schauspiel-Legenden wie Wolfgang Gruner, Günter Pfitzmann, Harald Juhnke oder Grit Boettcher monatelang vor ausverkauften Häusern spielten oder auf umjubelte Tourneen gingen, waren erst mal vorbei. Dennoch übte dieses Genre eine große Faszination auf Volker und mich aus. Also machten wir uns auf die Suche nach entsprechenden Stoffen, die sich für uns eignen könnten.

Um überhaupt einen solchen erwerben zu können, mussten wir ins *Deutsche Bühnenjahrbuch* aufgenommen werden, dem offiziellen Verzeichnis, in dem alle deutschsprachigen Theater sowie sämtliche Kontaktdaten von Künstlern, Verbänden oder Orchestern aufgeführt waren. Wer in diesem mehr als 1.000 Seiten dicken Wälzer nicht drin war, hatte im Prinzip keine Chance, eines der bekannteren Werke aufführen zu dürfen, weil vor allem die großen Verlage sich bei irgendwelchen inoffiziellen Bühnen querstellten. Und nur mit selbst verfassten Eigenproduktionen, das war uns klar, würden wir langfristig höchstwahrscheinlich nicht bestehen können. Noch zu *Mautkeller*-Zeiten meldeten wir deshalb unser Theater, übertrieben dabei ein bisschen, was die Kapazität und das Programm betraf, dichteten ein paar personelle Positionen dazu – und hofften, dass den Verantwortlichen unsere Angaben für einen Eintrag im Bühnenjahrbuch reichten. Als dann die neue Ausgabe erschien, fanden wir uns tatsächlich darin wieder – unter dem Stichwort »Nürnberg« und inmitten der anderen etablierten Bühnen der Stadt. Es fühlte sich an, als hätten wir es in den *Brockhaus* geschafft. Wir waren mächtig stolz.

Dieser Eintrag eröffnete uns die Möglichkeit, Stücke zu suchen, die meistens bereits andernorts erfolgreich aufgeführt wurden. Nach einiger Recherche und längeren Diskussionen zwischen Volker und mir stießen wir auf Michael Parker, einen Engländer, der als junger Mann nach Kanada auswanderte, dort als Geschäftsmann in kurzer Zeit ein Vermögen machte und sich mit 33 zur Ruhe setzen konnte, um seinem Hobby nachzugehen: Lustspiele zu schreiben, die unter anderem am Broadway in New York seit vielen Jahren

Abertausende Zuschauer begeisterten. Parkers Spezialität waren leicht frivole Handlungen mit jeder Menge Missverständnissen und viel Wortwitz, und sein bekanntestes Werk hieß *The Amorous Ambassador*, das unter dem Namen *In geheimer Mission* auf Deutsch übersetzt, aber zu unserer großen Verwunderung hierzulande noch nirgendwo gespielt worden war. Wir schrieben den Verlag an und machten uns im Grunde keine großen Hoffnungen, weil für Erstaufführungen nochmals andere, ungeschriebene Gesetze galten. Doch nach langen Wochen des Wartens kam das ersehnte Schreiben mit der überraschenden Zusage, dass ausgerechnet unsere *Kleine Komödie Nürnberg* die *Geheime Mission* übernehmen dürfe. Es grenzte an ein Wunder.

Die Kosten waren nicht ohne: Sie berechneten sich in erster Linie nach der Anzahl unserer Plätze und anderen Parametern, außerdem mussten wir noch zehn Prozent unserer Einnahmen als Tantiemen an den Verlag abführen – aber das war uns die *Geheime Mission* allemal wert. Nun hatten wir zwar die Rechte, aber gleichzeitig ein Problem. Volker, so viel war schnell klar, sollte den titelgebenden liebestollen Botschafter verkörpern. Ich war als so überkorrekter wie diskreter Butler vorgesehen, der das Chaos irgendwie ordnen sollte. Und Urmel, der immer mal wieder neben seinen technischen Aufgaben die ein oder andere Rolle übernommen hatte, würde den verklemmten Freund der Botschaftertochter spielen. Er hatte inzwischen seine Ausbildung im *Versandhaus Quelle* abgeschlossen und war gewissermaßen hauptberuflich bei uns eingestiegen. Wir brauchten aber insgesamt mindestens ein sechsköpfiges Ensemble, darunter drei idealerweise hübsche Frauen, sonst funktionierte der als Liebesreigen mit allerhand Verwechslungen angelegte Schwank natürlich nicht. Bislang aber hatten wir für unsere Darbietungen keine professionellen Schauspieler engagieren müssen, sondern höchstens mal den ein oder anderen Kumpel verpflichtet. Daher verfügten wir auch über keine wirkliche Erfahrung, wie so eine Auswahl vonstattenging. In unserer Not fiel mir mein alter Weggefährte Thomas Deuerlein ein, der bereits in meinem Fürther Komödienensemble mitgewirkt und inzwischen ein Studium zum Theaterpädagogen absolviert hatte. Thomas würde schon wissen, wie man die richtigen Personen für die entsprechenden Charaktere aussuchte.

»Ganz klar: Wir müssen ein Casting veranstalten«, schlug er vor.

»Was meinst du damit?«, fragte ich ihn, denn ich konnte mir darunter nichts vorstellen.

»Na, wir müssen jede Menge Schauspielerinnen einladen, sie dann vorsprechen lassen und uns für diejenigen entscheiden, von denen wir meinen, dass sie die jeweilige Rolle am besten spielen«, erklärte Thomas fachmännisch.

»Und wie sollen wir das anstellen?«

»Lasst mich mal machen«, antwortete er – und wir ließen ihn.

Knapp zwei Wochen später saßen Volker und ich in unserem Foyer und waren gespannt, was sich Thomas hatte einfallen lassen, um die Idealbesetzung für die verschiedenen Protagonistinnen in der *Geheimen Mission* zu finden. Offenbar hatte er eine Anzeige in einem Theatermagazin geschaltet, denn zu unserer Verwunderung stauten sich etliche Bewerberinnen im Gang. Thomas ordnete das Chaos, rief eine Dame nach der anderen auf und ließ sie nicht nur Textpassagen aus dem Stück aufsagen, sondern veranstaltete auch noch einige kuriose Spielchen mit ihnen, über die wir uns prächtig amüsierten. Es ging zu wie an einem Kindergeburtstag, und am Ende des Tages hatten wir uns entschieden.

Eine Rolle ging an die damals 26-jährige Nachwuchsschauspielerin Katja, die uns auf Anhieb sympathisch war. Ihr voller Name war Katja Weitzenböck. Sie hatte uns erzählt, dass sie in Tokio geboren und in Erlangen aufgewachsen war. Außerdem kam sie gerade aus Paris zurück, wo sie in einem berühmten Institut eine hoch angesehene Schauspiel- und Tanzausbildung abgeschlossen hatte. Nun wollte sie erste praktische Erfahrungen in der alten fränkischen Heimat sammeln, und man merkte ihr schnell an, dass ihr womöglich eine Karriere bevorstand, die mit der Botschaftertochter in der *Geheimen Mission* nicht ihren Höhepunkt erreichte. Genauso war es auch: Nur einige Jahre später spielte sie in vielen großen TV-Serien wie *Tatort*, *Traumschiff* oder *SK Kölsch* mit und drehte sogar an der Seite von Weltstar Jean Reno den Kinofilm *Die Besucher*. Aber einer ihrer ersten großen Auftritte war eben in der *Kleinen Komödie Nürnberg* zusammen mit uns – und noch immer freue ich mich sehr, wenn ich Katja irgendwo auf dem Bildschirm sehe.

Neben ihr entschieden wir uns für Petra Gundacker – und für Judith Pfistner. Wie Katja war sie eigentlich auch überqualifiziert für unsere kleine Boulevardkomödie: Sie stand schon seit Mitte der 80er-Jahre auf der Bühne und spielte etwa am Deutschen Theater in München in großen Produktionen mit wie dem *Käfig voller Narren*. Außerdem war sie im Fernsehen zum Beispiel in *Derrick* oder *Weißblaue Geschichten* mit Gustl Bayrhammer zu sehen. Ihr Gesicht kam uns denn auch irgendwie bekannt vor, und so überzeugend, wie sie auf uns wirkte, so unsicher waren wir, sie zu engagieren.

»Die können wir uns doch gar nicht leisten«, flüsterte Volker mir zu, nachdem Thomas uns erklärt hatte, dass Judith seiner Meinung nach die ideale eifersüchtige Ehefrau abgeben würde.

»Das fürchte ich auch«, sagte ich und dachte dabei an die 150 Mark, die wir uns als absolute Obergrenze für eine einzelne Abendgage überlegt hatten. Auch das war natürlich nicht besonders üppig, aber hochgerechnet auf die gesamte

Dauer, für die wir die *Geheime Mission* angesetzt hatten, kam da trotzdem ein stattliches Sümmchen zusammen. »Und wir brauchen ja auch noch eine Sekretärin«, gab ich zu bedenken.

Thomas hatte allerdings eine Idee.

»Lass uns einfach die beiden Rollen zusammenlegen«, sagte er. »Dann sparen wir eine Gage.«

So machten wir es – und strichen die Botschaftergattin kurzerhand aus dem Skript, damit Judith die perfekte lüsterne Sekretärin geben konnte. Mister Parker möge uns verzeihen, aber mit dieser reduzierten Besetzung feierten wir tatsächlich einen großen Erfolg. Die *Geheime Mission* war beinahe vom ersten Tag an ausverkauft und verschaffte uns jede Menge Aufmerksamkeit. Gleichzeitig hatten wir ein Genre für uns entdeckt, das uns beim Spielen viel Spaß bereitete, weil wir unsere inzwischen beinahe schon routinierte Spontaneität aus den Sketch-Programmen prima in die Handlung einbauen konnten. Und die war bitter nötig, denn Pannen passierten praktisch am laufenden Band: Entweder blieb ich mit meinem Frack hinter der Kulisse in einer Tür hängen und steckte fest, einer von uns vergaß seinen Text, Judith verschüttete ihren Tee oder Thomas setzte mit seiner feuchten Aussprache das Sofa unter Wasser.

Als wir eines Abends eine Sondervorstellung für die Senioren der Bäckerinnung veranstalteten, machte sich Volker einen Spaß daraus, ständig andere Backwaren an den unmöglichsten Stellen in seinen Text einzubauen. Ein Running Gag bestand außerdem darin, die Sandwiches, die im Skript von Michael Parker vorkamen und die von mir als Butler serviert werden mussten, in andere Speisen umzuwandeln. Einmal gab es Strammen Max, ein anderes Mal Hackepeterbrötchen, dann Saure Zipfel oder Ochsenschwanzsuppe. Jedes Mal bestand die Prüfung darin, bei der Nennung solcher im Zusammenhang mit der Handlung leicht anzüglichen Begriffe nicht vor Lachen zusammenzubrechen.

Die Kritik hingegen war nicht so begeistert. Hatte uns die Presse in den ersten Jahren überhaupt nicht zur Kenntnis genommen, wurden wir nun in schöner Regelmäßigkeit in sämtlichen Lokalzeitungen nach Strich und Faden verrissen. »Reiz des Flachlands«, überschrieben etwa die *Nürnberger Nachrichten* ihren Bericht über einen Curt-Goetz-Abend, den ich mit meinem Ensemble zu unserem Programm beisteuerte. »Die Aneinanderreihung von Flachheiten plätscherte mit Verwechslungen, pseudo-erotischem Geplapper und bürgerlichem Gesellschaftskitsch unter allem Niveau so unglaublich langweilig dahin, dass man froh sein kann um die Spielstätte im *Stadtparkrestaurant*. Ich hätte mich betrinken sollen«, war das nüchterne Fazit des Kulturredakteurs, der uns und unsere Arbeit schon zuvor mehrmals als »dilettantisch«, »primitiv« oder »einfältig« bezeichnet hatte.

In der *Nürnberger Zeitung* oder der *AZ* war es nicht besser, und wir konnten uns darauf verlassen, dass es jedes Mal einen ordentlichen Verriss gab, wenn wir einen der uns wohlbekannten älteren Herren samt Schreibblock im Publikum erkannten. Noch taten solche Worte weh, denn auch wir wollten natürlich gelobt werden für das, was wir mit großer Leidenschaft und einer Menge Engagement machten. Aber offenbar führte diese ständige öffentliche Herabwürdigung erst recht dazu, dass wir für viele Menschen interessant wurden. Wir hatten offenbar einen Nerv beim fränkischen Publikum getroffen.

Im Folgejahr nahmen wir deshalb nicht nur die *Geheime Mission* erneut in unseren Spielplan auf – diesmal ohne eingesparte Rolle. Sondern auch unser zweites Boulevardstück *Im Ferienparadies* aus der Feder von John Chapman und Michael Pertwee, der in seiner jahrzehntelangen Laufbahn

Drehbücher für Alfred Hitchcock ebenso verfasst hatte wie turbulente Komödien. Darin ging es um ein Paar, das sich für seinen Seitensprung in ein idyllisches Ferienhaus einmietet, welches aber blöderweise gleichzeitig auch noch an etliche andere seltsame Leute vermietet wurde. Außer Volker, Urmel, Thomas und mir waren diesmal Elisabeth Rass, Stefanie Sörgel und eine gewisse Julia Kempken mit dabei. Letztere hatte als ausgebildete Tänzerin sogar beim Showprogramm der Olympischen Spiele in Los Angeles im Jahr 1988 mitgewirkt und sollte einige Jahre später mit ihrem eigenen Theater, der *Roten Bühne*, die Nürnberger Kulturszene bereichern.

Auch ansonsten ging es Schlag auf Schlag: Volker und ich spielten in unserem Theater eigene Soli, außerdem kamen im Sommer auf der Freilichtbühne im Fürther Stadtpark die »Kaltengrubers« das erste Mal zu größeren Ehren. Die beiden Figuren Anneliese und Georg erblickten eigentlich schon 1992 das Licht der Bühnenwelt, als wir sie zum ersten Geburtstag unserer *Komödie* erfanden, angelehnt an das bereits bestehende Duo »Herbert und Renate«, das damals in der Region recht angesagt war. Wir sahen ebenfalls großes komödiantisches Potenzial in einem typisch fränkischen Ehepaar, das sich regelmäßig zankt, gerne aneinander vorbeiredet, sich aber prinzipiell doch ganz gernhat. Die Frau sollte leicht schnippisch sein, der Gatte dafür verfressen und ein bisschen einfältig – so, wie es wohl in vielen echten Familien ebenfalls zugeht. Allerdings hatten wir im Vergleich zu Herbert und Renate den Nachteil, dass wir die Frau nicht biologisch besetzen konnten. Als es demnach darum ging, wer am besten wen darstellen sollte, musste ich nicht lange überlegen:

»Ich habe die schöneren Beine von uns. Also spiele ich die Anneliese«, betonte ich – und freute mich darauf, dass ich meiner Verkleidungslust nach Herzen frönen und endlich Pumps in Größe 42/43 tragen konnte. Volker stopfte sich hingegen ein mächtiges Daunenkissen unter das riesige weiße Oberhemd, zog eine schwarze Hornbrille auf sowie einen pomadigen Scheitel ins Haar und verkörperte auf diese Weise den perfekten Georg. An der Reaktion der Leute wurde uns im *Mautkeller* schon klar, dass wir die Kaltengrubers nicht so schnell wieder loswerden würden.

Deshalb sollten die beiden nun, knapp drei Jahre später, in einer aberwitzigen Sketchparade um die Welt reisen. Um diese skurrile Reise herum inszenierten wir eine bunte Musikrevue, unterstützt von der *Fantasy Formation*. Das war eine Tanzgruppe unter der Leitung von Dorit Paneutz, die Volker einige Zeit zuvor kennengelernt hatte. Dorit versammelte einige erstklassige Tänzerinnen und Tänzer um sich und tüftelte teilweise hoch professionelle Choreografien aus, die man auch im Pariser *Lido* hätte aufführen können. Eigentlich prallten hier zwei vollkommen unterschiedliche künstlerische Welten aufeinander, aber genau das machte den Charme dieser Show aus.

»Wir haben das einzige Bühnenbild der Welt, das sich selber abbaut«, sagte Volker staunend nach den Proben zu mir, und es war jedes Mal ein Vergnügen mitanzusehen, welche spektakulären Figuren die knapp 20 Frauen und Männer ohne einen einzigen Wackler zustande brachten. Diese interessante Mischung aus Tanz und Comedy sowie der Ruf, den wir uns in Nürnberg erspielt hatten, führte dazu, dass uns die Menschen die Bude einrannten – wenn wir denn in diesem so schönen wie maroden Open-Air-Theater eine gehabt hätten. Oft bildeten sich riesige Schlangen am Einlass, und wir versuchten Abend für Abend, des Chaos Herr zu werden; immer in der Hoffnung, dass auf den morschen Stufen nichts passierte. Um nicht zu viele Besucher wieder heimschicken zu müssen, verkauften wir am Schluss sogar zum Sonderpreis Plätze, die es an sich gar nicht gab. Und so kam es, dass manche Gäste die »Kaltengrubersche Sommerreise« in der Platzkategorie *Busch rechts* oder *Busch links* verfolgten.

Unsere Engagements außerhalb unseres Theaters gingen ebenfalls unvermindert weiter. Noch immer konnte man uns für nahezu jeden noch so bescheuerten Anlass buchen, was dazu führte, dass wir inzwischen mehr als 250 Auftritte im Jahr absolvierten. Langsam gingen wir beide am Zahnfleisch, aber selbstverständlich konnten wir jetzt, wo wir uns endlich zu etablieren schienen, keinesfalls kürzertreten. Im Gegenteil: Dadurch, dass die 190 Plätze im Foyer immer öfter bis auf den letzten Stuhl besetzt waren und bisweilen selbst die Hocker im dichten Nebel der von Frankenbergs verkauft waren, machten wir uns Gedanken, wie es im Stadtpark weitergehen sollte. Natürlich sah ein volles Haus gut aus und fühlte sich auch gut an, aber geschäftlich war es fahrlässig, nicht den nächsten Schritt zu gehen.

»Sagen Sie mal, was ist eigentlich mit dem Saal?«, fragten wir Reiner Most eines Tages, nachdem wir abermals eine ausverkaufte Vorstellung hinter uns hatten, der deutlich größere Raum aber einmal mehr ungenutzt leer stand.

»Den brauche ich für meine Bälle«, wiegelte Most ab, aber dieses Argument ließen wir nicht gelten. Schließlich gab es davon nur eine Handvoll im Jahr, und selbst wenn er seine treuen Bäcker, Metzger oder Karnevalesen dort weiter feiern lassen wollte, konnte man sich sicherlich irgendwie arrangieren. Doch er wollte nicht recht.

»Mehr Besucher bei uns würden ja auch mehr Umsatz bei Ihnen bedeuten«, zog Volker den letzten Joker, der bei Herrn Most eigentlich immer funktionierte.

»Das ist natürlich ein Argument«, brummte er. »Aber schön ist das Ding ja nicht gerade. Wie wollt ihr denn da euer Theater unterbringen?«

Damit hatte er zweifelsohne recht, aber wir hatten bereits vorher überlegt, wie wir dem Saal mit seiner angestaubten 70er-Jahre-Optik eine Frischzellenkur verpassen konnten.

»Wir wollen den Raum so umgestalten, dass er aussieht

wie der *Wintergarten* in Berlin«, erklärten wir ihm in der Hoffnung, dass ihm dieser Name ein Begriff war.

»Kenn ich nicht«, sagte Most nur und betonte im selben Atemzug, dass er außerdem keinen Pfennig zu einer möglichen Renovierung beitragen wollte.

»Müssen Sie auch nicht«, sagte ich. »Das übernehmen wir.«

Da wir bemerkten, dass unser Vermieter noch immer skeptisch auf unseren Plan reagierte, zogen wir unser letztes Ass aus dem Ärmel.

»Kommen Sie – wir fahren zusammen nach Berlin und zeigen Ihnen den *Wintergarten* einfach. Wir sind sicher, dass es Ihnen dort gefallen wird«, überrumpelte Volker schließlich den verdutzten Most.

Einige Tage später saßen wir zu dritt im Flieger auf dem Weg in die neue deutsche Hauptstadt, die seinerzeit einen Boom gerade im kulturellen Bereich erlebte. Im Zuge dessen war auch eben jenes legendäre *Wintergarten*-Varieté wiederbelebt worden, das 1944 durch einen Bombenangriff zerstört worden war. Kein Geringerer als André Heller hatte sich Anfang der 90er zusammen mit Roncalli-Chef Bernhard Paul daran gemacht, ein historisches Kino in der Potsdamer Straße ganz nach dem Vorbild des alten *Wintergartens* umzubauen. Klar, dass Volker und ich uns diese Spielstätte gleich kurz nach der Eröffnung im Jahr 1992, zu der eigens Siegfried und Roy aus Las Vegas eingeflogen wurden, vor Ort anschauten. Damals war noch nicht daran zu denken, dass wir jemals ein Theater in einem ähnlichen Stil einrichten konnten – wir waren ja froh, wenn es in unserem Nebenzimmer nicht nach toten Mäusen roch. Jetzt aber war die Chance da, ein echtes Ausrufezeichen in der fränkischen Kulturlandschaft zu setzen. Da der Saal im Stadtpark unseren Berechnungen nach noch mal rund 100 Plätze mehr als das Foyer umfassen würde, trauten wir uns auch eine Finanzierung des Vorhabens zu.

In Berlin angekommen, aßen wir im angeschlossenen *Wintergarten*-Restaurant feudal zu Abend und besuchten anschließend die Vorstellung. Der ganz in Rot getauchte Theatersaal wirkte auch dieses Mal sehr beeindruckend auf uns mit seinen in elegantem Stoff bezogenen Stühlen, den gedeckten Tischen, auf denen echte Kerzen brannten, den riesigen Wandgemälden an der Seite, der großen Bühne, die durch einen schweren Samtvorhang vom Raum getrennt wurde, und den beiden seitlichen Treppen, die sich in den Rang hinaufschwangen und bei denen jede einzelne Stufe beleuchtet war. Nur Reiner Most war vom Ambiente nicht ganz so eingenommen.

»Machen wir danach noch was, wenn wir schon mal in Berlin sind?«, fragte er uns, während die Show noch in vollem Gange war.

»Was wollen Sie denn noch machen?«, fragten wir zurück und wunderten uns ein wenig darüber, dass er sich nicht in den Bann dieses außergewöhnlichen Hauses ziehen ließ.

»Na ja, vielleicht irgendwohin gehen, wo man ein bisschen mehr Spaß haben kann als hier.«

Wir wussten zuerst nicht, worauf er hinauswollte, und begriffen erst im Taxi, dass er sich in der Hauptstadt sehr wohl auskannte – nur eben offenbar auf anderen Gebieten. In den, sagen wir mal, Nachtklub ließen wir ihn dann aber lieber alleine.

Zurück in Nürnberg machten wir uns an die Umbaupläne. Most hatte uns einen Architekten namens Andreas Schonardt vermittelt, der uns schnell aufzeigte, wie viel Geld wir alles in allem in die Hand nehmen müssten, wenn wir den alten Ballsaal in ein schickes Theater verwandeln wollten: 1 Million Mark. Ein solcher Betrag war natürlich absoluter Wahnsinn, aber zu unserem Erstaunen war die Sparkasse Fürth bereit, unsere Ersparnisse, die wir durch die erfolgreichen vergangenen zwei Jahre auf die Seite legen konnten, sowie die bereits getätigten Einnahmen aus dem Vorverkauf durch einen Großkredit auf die benötigte Summe aufzustocken. Dabei half uns womöglich auch, dass ich einige Zeit mit der Tochter von Egon, unserem zuständigen Kreditsachbearbeiter, ausgegangen war, er mich seitdem kannte – und glücklicherweise immer noch mochte, obwohl das Techtelmechtel nicht von Dauer war. Natürlich rechneten wir ungefähr hundert Mal durch, wie viele Besucher wir im besten und im schlechtesten Fall brauchten, um den Kredit abzahlen zu können. Wir lagen nächtelang wach und diskutierten immer wieder, ob wir uns das Projekt leisten konnten und wollten – für dasselbe Geld hätte sich schließlich jeder von uns ein schickes Reihenhaus in Dambach kaufen können. Aber Schonardts Pläne, die einen künstlichen Sternenhimmel aus blauem Stoff vorsahen, eine 80 Quadratmeter große Bühne mit moderner Technik, erhöhte Logen auf der Seite und einen opulenten Lüster als Blickfang, waren einfach zu verlockend.

»Wir machen es«, beschlossen wir eines Tages, und wenige Wochen später rückten dann auch die Bauarbeiter an. Die Zeit, als sich der alte Saal des Kulturvereins in die neue *Kleine Komödie Nürnberg* verwandelte, war unglaublich aufregend. Bei aller Angst vor der für uns riesigen Investition – alleine die Stühle kosteten fast 60.000 Mark – beobachteten wir jeden einzelnen Handgriff voller Vorfreude, packten natürlich selbst nach Kräften mit an und konnten es kaum erwarten, endlich zu eröffnen. Im September 1995, nach nur drei Monaten Umbaupause, war es dann so weit. Wir verfügten nun über einen großen Theatersaal, der dieser Bezeichnung mit seinen 290 Plätzen würdig war, und weiterhin über unser altes Foyer für kleinere Aufführungen.

Um der Besucherzahl Herr zu werden, stellten wir jede Menge neuer Mitarbeiter ein, die sich um Einlass, Technik und Verwaltung kümmern sollten, sodass die *Kleine Komödie* nun außer Volker, Urmel und mir insgesamt 18 Beschäftigte verzeichnete, wenn auch die meisten davon in Teilzeit auf 590-Mark-Basis. Diejenigen, die Kontakt zu unseren Gästen hatten, steckten wir in unserem Übermut in Uniformen aus dunkelblauem Samt – außer Acht lassend, wie heiß es jeden Abend bei knapp 300 Menschen im Raum wurde. Die armen Jungs und Mädels schwitzten wie verrückt, und bevor uns noch jemand umkippte, ersetzten wir die Samtjacketts durch karierte Sakkos.

Unser Abonnement, das wir zur Eröffnung aufgelegt hatten, ging weg wie warme Semmeln. Bis zum Start verkauften wir sage und schreibe 2.500 Abos, und einige dieser Kunden zählen auch heute noch zu unseren Stammgästen, was uns besonders stolz macht. Selbst Reiner Most staunte, wie gut unser neues Konzept angenommen wurde. Die 17.000 Menschen, die wir bis zum Jahresende im »Großen Haus«, wie wir den Saal fortan nannten, unter anderem in unserer *Weihnachtsrevue* begrüßen durften, beeindruckten selbst ihn.

In der kommenden Saison stieß dann ein altbekannter Typ zu unserem Team dazu: Marcel kehrte zurück. Er hatte sich längst von seiner Freundin getrennt, für die er einst die *Marcel & Volker-Show* hingeschmissen hatte. Inzwischen arbeitete er eher abseits des Showbusiness bei der *Nürnberger Versicherung* in der Werbeabteilung und hatte ein gutes Gespür für die Gestaltung von Plakaten, Flyern und Programmheften. Einen wie ihn konnten wir gut gebrauchen, sodass er zunächst als freier Mitarbeiter bei uns anfing und im neuerlichen Sommerspektakel der Kaltengrubers, das wir wieder mit Dorits *Fantasy Formation* auf der Fürther Freilichtbühne aufführten, sogar eine erste Rolle übernahm.

Außerdem lernte ich im Bierkeller des *Stadtparkrestaurants* unfreiwillig einen Kollegen kennen. Herr Most hatte uns gebeten, nach dem Vorstellungsende unser Publikum zu animieren, den Abend im Idealfall dort ausklingen zu lassen. Der Bierkeller war länger geöffnet als das Lokal oben und auch als unsere Foyer-Bar, lief aber gar nicht gut. Die Stube hatte zwar im Vergleich zum Restaurant den unschätzbaren Vorteil, dass man darin nichts von Mosts Speisen essen musste, war jedoch ungemütlich, düster und muffig. Normalerweise gingen wir deswegen alleine, gemeinsam oder mit Gästen zum *Löblein*, einem italienischen Restaurant gegenüber dem Park, das von einem so kleinen wie quirligen Wirt namens Quinto geführt wurde, dessen Markenzeichen ein riesiger gezwirbelter Schnurrbart war. Aber eines Abends setzte ich mich trotz des tristen Ambientes im Bierkeller noch auf einen Absacker an einen leeren Tisch. Nebenan sprach eine recht aufgekratzte Truppe fröhlich dem Alkohol zu und versuchte, Kontakt mit mir aufzunehmen. Ich aber war müde und wollte meine Ruhe.

»Den müsst ihr mal engagieren«, rief eine Frau herüber und zeigte auf einen Mann mit Schnauzbart, dem die ganze Sache peinlich zu sein schien.

»Das ist ein Naturtalent«, sagte ein anderer Begleiter. »Der Bernhard spielt nämlich auch Theater.«

Ich rollte mit den Augen.

»Sie können sich ja mal melden«, sagte ich zu diesem Bernhard, um nicht völlig unhöflich zu wirken – und gab ihm zumindest die Telefonnummer meines Theatervereins. Danach widmete ich mich wieder meinem Dämmerschoppen und ging irgendwann nach Hause.

Wenige Tage später rief der Unbekannte tatsächlich im Verein an und bekam mich an die Strippe.

»Hier ist Ottinger«, sagte er. »Wir haben uns neulich im Stadtpark kennengelernt.«

Um zu meinem Wort zu stehen, lud ich ihn leicht missmutig zu einer Probe unseres Ensembles ein, und obwohl er das erste Mal vor verschlossenen Türen stand, weil ich ihm aus Versehen einen falschen Tag genannt hatte, wurde Bernhard Ottinger in den folgenden Jahren einer meiner engsten Freunde und mein zweiter Bühnenpartner neben Volker. So kann's eben auch manchmal gehen.

In den folgenden Jahren avancierten wir vom Geheimtipp zur festen Größe in der fränkischen Kulturszene und zogen inzwischen Publikum aus dem gesamten Großraum an. Das merkten wir vor allem daran, dass immer öfter Tische erst nach Vorstellungsbeginn besetzt wurden, weil die auswärtigen Gäste verzweifelt rund um den Stadtpark kurvten und keinen Parkplatz fanden, wodurch sie natürlich zu spät zu uns kamen. Die Nürnberger und die meisten Fürther hingegen wussten, dass man besser mit dem Taxi oder zumindest der Straßenbahn zur *Kleinen Komödie* gelangte.

Mittlerweile hatte sich auch die politische Großwetterlage in der Region geändert. Sowohl in Fürth als auch in Nürnberg hatten die langjährigen SPD-Amtsinhaber die Oberbürgermeisterwahl vollkommen überraschend bei der Kommunalwahl verloren. Nicht dass ich Herrn Schönlein die Niederlage gewünscht hätte, aber eine kleine Genugtuung für Volker und mich war es dennoch, dass der Mann, der es nicht ein einziges Mal für nötig gehalten hatte, uns einen Besuch abzustatten, nun wieder in seinem angestammten Beruf als Lehrer arbeiten musste. Ich war gespannt, ob sich wenigstens sein Nachfolger mal bei uns blicken ließ.

Eines Abends im Frühjahr 1996 verkündete ich vor unserem Auftritt wie üblich, dass nur draußen an der Foyer-Bar geraucht werden durfte, im Saal aber keinesfalls. Danach ging ich wieder hinter den Vorhang und bereitete mich mit Volker auf unsere Show vor.

Als ich wieder hinaus auf die Bühne trat, bemerkte ich, dass ausgerechnet in der ersten Reihe fröhlich gequalmt wurde.

»Welcher Depp hat denn da vorhin nicht richtig zugehört?«, rief ich ins Publikum. »Noch mal für alle Anwesenden zum Mitschreiben: Hier wird nicht geraucht!«

In diesem Moment beobachtete ich aus dem Augenwinkel, wie eine dunkelhaarige Dame verschämt und ziemlich hektisch ihre Kippe ausdrückte. Wie sich hinterher herausstellte, war auch sie ein paar Minuten zu spät gekommen und hatte sich einen Aschenbecher von draußen mitgenommen. Ihr Mann, der sich schon am Tisch befand, hatte schlicht vergessen, ihr von unserem Rauchverbot zu berichten. Die Raucherin war Ute Scholz, die Frau des neuen Nürnberger Oberbürgermeisters. Ich wäre fast im Boden versunken und entschuldigte mich für meine harschen Worte.

»Nein, ich muss mich bei Ihnen entschuldigen«, sagte sie und gab mir die Hand. »Ich bin Ute. Und das ist Ludwig, mein Mann.«

»Ich weiß«, sagte ich kleinlaut – und war froh, dass sich die Situation ebenso in Luft aufgelöst hatte wie die Rauchwolke vorhin. Immerhin wussten wir nun, dass sich endlich auch die Politik für unser Schaffen zu interessieren schien. Zu unserem fünfjährigen Jubiläum wenig später brachte Scholz sogar seinen Fürther Amtskollegen Wilhelm Wenning mit.

»Deine Landsleute müssen erst zu uns nach Nürnberg kommen, um Erfolg zu haben«, frotzelte er. »Wir wissen halt, was lustig ist.«

Wenning sagte nichts und nahm uns kurz darauf beiseite.

»Warum spielt ihr nicht in eurer Heimatstadt?«, fragte er.

»Haben wir ja. Aber dann hat sich die Gelegenheit hier ergeben«, antworteten wir wahrheitsgemäß.

»Aber wenn Sie das Berolzheimerianum irgendwann nicht mehr brauchen, melden Sie sich«, sagte Volker nur halb im Spaß. Immerhin kannten wir beide dieses inzwischen doch recht heruntergekommene Gebäude in der Theresienstraße von unseren früheren Engagements nur zu gut und wussten, dass die Stadt für eine Sanierung kein Geld hatte. Dort zu spielen, das wäre in der Tat ein Traum. Aber Wilhelm Wenning meldete sich erst mal nicht.

In der Folgezeit stiegen dafür die Zuschauerzahlen in Nürnberg weiter an. Neben Volker und mir firmierte nun auch Urmel als weiterer Geschäftsführer. Marcel war zudem ein fester Bestandteil unseres Ensembles geworden und gestaltete unseren Außenauftritt, dem er eine geschickte Wiedererkennbarkeit verpasste. Um Foyer und Saal noch besser auszulasten, hatten wir in der letzten Zeit vermehrt Gastkünstler mit in unser Programm aufgenommen. So kam es, dass gelegentlich klangvolle Namen wie Katja Ebstein oder Horst Janson auf unserer Bühne standen, was für uns jedes Mal eine große Ehre darstellte. Den Vogel abschießen wollten wir aber mit einer rauschenden Silvestergala, für die uns ein Star angeboten wurde, wie ihn die *Kleine Komödie* noch nicht gesehen hatte.

»Stell dir vor, wir können die Werner haben«, sagte Volker, nachdem er aus dem Büro von der Offerte ihrer Agentur gehört hatte.

»Welche Werner?«, fragte ich.

»Ilse Werner«, antwortete Volker.

»*Die* Ilse Werner?«

»Genau die.«

Das war ein Ding. Ilse Werner war eine der bekanntesten Schauspielerinnen aus der Ufa-Ära und hatte sich nach dem Krieg zudem einen Namen als renommierte Theaterdarstellerin gemacht. Zuletzt hatten sie in der *ZDF*-Serie *Rivalen der Rennbahn* rund 15 Millionen Zuschauer gesehen, außerdem liebten sie die Leute für ihre legendäre Pfeifkunst. Die vier vom Management vorgeschlagenen Galas zum Jahreswechsel wären sicherlich ein Selbstläufer, deshalb sagten wir der Agentur nach kurzer Bedenkzeit zu. Marcel entwarf voller Elan die Plakate, die Karten gingen umgehend in den Vorverkauf, doch als wir nach wenigen Wochen eine erste Bestandsaufnahme machten, stellten wir erschüttert fest, dass sich kaum jemand für Ilse Werner interessierte. Offenbar hatten wir die Strahlwirkung der inzwischen fast 80-jährigen Diva überschätzt. Doch trotz der Tatsache, dass etliche Plätze frei bleiben würden, sahen wir dem Gastspiel voller Vorfreude entgegen. Eine solche Grand Dame erleben zu dürfen, die neben Hans Albers in *Große Freiheit Nr. 7* brilliert hatte oder mit Curd Jürgens, Paul Dahlke und Gustav Knuth vor der Kamera gestanden war, machte selbst einen Verlust von ein paar Tausend Mark doppelt und dreifach wett. Das Problem war nur, dass sich Frau Werner zwar als interessante Gesprächspartnerin, aber als ganz und gar nicht einfache Künstlerin herausstellte.

Es fing schon mit dem gemeinsamen Abendessen an, zu dem wir sie und ihre beiden musikalischen Begleiter am Tag ihrer Ankunft in Nürnberg einluden. Erst teilte sie uns kurzerhand mit, dass sie eine eigene Garderobiere benötigte, was zuvor nicht abgesprochen war.

»Alleine kann ich mich nicht anziehen«, gab sie zu Protokoll. Damit war das Thema für sie durch – und wir mussten zusehen, jemanden zu finden, der diese Aufgabe für die nächsten vier Tage übernehmen konnte. Uns fiel auf die Schnelle nur unsere Ingrid ein, eine ganz treue Seele, die uns schon seit einigen Jahren begleitete und immer dann einsprang, wenn Not am Mann oder wie hier: an der Frau war. Dass Ilse Werner anschließend beim Essen dem Wein in nicht unerheblichem Maße zusprach, war nicht weiter schlimm – das taten wir auch. Allerdings meldete sich die Künstlerin im Gegensatz zu uns am nächsten Morgen aus dem Hotel prompt krank.

»Ich kann leider nicht spielen«, hauchte sie ins Telefon. »Ich muss mir etwas eingefangen haben.«

Zum Glück verbesserte sich ihr Gesundheitszustand rasch wieder, sodass wir sie am späten Nachmittag wie geplant in der *Kleinen Komödie* begrüßen konnten.

»Wo sind denn meine Blumen?«, fragte sie, und Volker und ich sahen uns verdutzt an.

»Na, die Blumen, die ich am Schluss von Ihnen überreicht bekomme.«

»Ach die? Haben wir hinten«, reagierte Volker geistesgegenwärtig – wohl wissend, dass wir um diese Zeit keinen Strauß mehr von einem Floristen bekommen würden, sondern das Trockengesteck nehmen mussten, das von Herrn Most vor vielen Jahren mal als Dekoration für die Garderobe gekauft worden war.

»Und wo sind die Toiletten?«, fragte sie, nachdem wir ihr die Bühne gezeigt hatten.

»Hier hinten, einfach die Stufen runter.«

»Stufen kann ich nicht gehen«, sagte Ilse Werner – obwohl die Treppe gestern im Restaurant für sie erstaunlicherweise kein Problem dargestellt hatte.

»Dann stellen Sie mir eben einen Eimer dorthin, für alle Fälle.«

Wir sahen uns erneut an und dachten an einen Scherz, aber die Werner meinte es ernst. Volker besorgte einen Sektkübel, platzierte diesen am Bühnenrand, und in der Hoffnung, dass unser Stargast den Eimer nicht benutzen musste, setzten wir uns hinten an einen der leeren Tische und warteten, was nun passierte. Die Show selbst entsprach leider ebenfalls nicht ganz unseren Erwartungen. Frau Werner mühte sich durch die Nummern, weigerte sich, in ihrem Wunschpfeifkonzert manche Wünsche des Publikums zu erfüllen, und war längst nicht mehr in der Form vergangener Tage. Es tat uns beinahe weh, sie so zu sehen. Doch als endlich ihre Begleiter übernahmen und mit der schlechtesten Hans-Moser-Parodie, die wir je gehört hatten, den Abend vollends versenkten, hörten wir es von rechts plätschern. Der Blechkübel stellte sich als denkbar ungünstiger WC-Ersatz heraus. Noch heute tut es mir unendlich leid, dass ich beim Gedanken an diese früher so großartige Darstellerin immer an das furchtbare Geräusch denken muss. Aber dieses Konzert in unserem guten alten Theater im Nürnberger Stadtpark werden Volker und ich unser Leben lang nicht vergessen. Dabei hatte zu dieser Zeit bereits eine neue Zeitrechnung begonnen.

## Volker Heißmann

# Ein Traum wird wahr: Vier Freunde und ein aberwitziges Projekt

So gut es im Stadtpark auch für uns lief – das Berolzheimerianum in Fürth hatte immer einen festen Platz in unseren beiden Hinterköpfen. Jedes Mal, wenn wir nach einem anstrengenden Abend aus Nürnberg zurückkamen und das Bahnhofsgebäude verließen, stand das »Bero«, wie es im Volksmund hieß, verlassen im Dunkeln und verrottete vor sich hin. Das Haus hatte eine wechselvolle Geschichte hinter sich, die jedes Fürther Schulkind im Heimatkunde-Unterricht lernte: Ein jüdischer Bleistiftfabrikant namens Heinrich Berolzheimer hatte den Bau Anfang des 20. Jahrhunderts finanziert, um seiner Heimatstadt eine Volksbildungsstätte samt Bücherei schenken zu können – ganz nach amerikanischem Vorbild, denn Berolzheimer war eines Tages von Fürth nach New York ausgewandert und seitdem der festen Meinung, dass Bildung keine Frage des Standes oder des Vermögens sein dürfe. Dazu gründete er mit seinen Söhnen Emil und Philipp eine Stiftung, die die Baukosten von 223.000 Goldmark – heute wären das ungefähr 2,2 Millionen Euro – schließlich finanzierte. Tragischerweise erlebte er die Fertigstellung nicht mehr und starb nur wenige Monate vor der Eröffnung. Sein Konterfei wurde als steinerne Büste im Eingangsbereich aufgestellt.

Im Ersten Weltkrieg wurden noch verwundete Soldaten im zum Notlazarett umfunktionierten Berolzheimerianum versorgt, doch die Nazis ließen in den 30er-Jahren alles entfernen, was an den Juden Berolzheimer erinnerte. Sie lösten seinen Bildungsverein auf, entfernten den Namen von der Fassade, zerstörten zum Teil die kostbaren Stuckdecken (was man heute noch immer sehen kann, wenn man bei uns zu Gast ist und etwa im Theaterfoyer nach oben blickt) und ließen auch die Büste verschwinden. Stattdessen wurde der Bau nun als gleichgeschaltete Lesestätte genutzt, in der die Menschen nur noch jene Bücher fanden, die dem NS-Regime genehm waren. Nach Kriegsende, im April 1946, nahm dann die alte Stadtbücherei ihren Betrieb wieder auf, das Haus wurde erneut nach seinem Stifter benannt – und auch der Marmor-Berolzheimer kehrte dorthin zurück, wo er hingehörte.

Tagsüber war das Gebäude nun fünf Jahrzehnte lang eine wenig genutzte Zweigstelle der Fürther Stadtbibliothek. Abends jedoch konnten Fürther Kleinkünstler, Vereine und auch Privatleute zumindest den Saal für kleines Geld mieten. Deshalb spielten Marcel und ich hier früher unzählige Male unsere Show, auch Martin war regelmäßig mit seiner Truppe zu Gast, und mit ihm zusammen trat ich ebenfalls schon häufig im ehrwürdigen ersten Stock auf. Obwohl es hier nicht nur nach dem Hauch der Geschichte roch, die Bestuhlung aus ausgemusterten Sitzen der Stadthalle bestand und der Theatervorhang gut zehn Zentimeter oberhalb des Bühnenbodens aufhörte, wodurch das Publikum stets beobachten konnte, was hinter dem Vorhang gerade vor sich ging, fühlten wir uns dem Haus enorm verbunden. Und zwar so sehr, dass wir zu dessen Erhalt Anfang der 90er-Jahre einen Förderverein gründeten, hochoffiziell und mit Eintragung ins Vereinsregister. Damals gab es Diskussionen, den Saal komplett umzubauen und die Bühne herauszureißen. Aus Angst, bald keine geeignete Spielstätte mehr in Fürth anmieten zu können, legten wir uns gegen das Vorhaben mächtig ins Zeug und veranstalteten später, zum 90-jährigen Jubiläum des Berolzheimerianums, sogar eine Ausstellung im »City Center«.

Für diese wuchteten wir nicht nur den rund 100 Kilo schweren Heinrich ins Untergeschoss des Einkaufszentrums, in dem man allerdings nichts mehr einkaufen, sondern nur noch zu den verschiedenen Parkdecks gelangen konnte. Wir bastelten außerdem aus historischen Fotografien ein paar Stellwände, die wir um die Büste herumgruppierten. Außerdem stellte sich während der Öffnungszeiten des »City Centers« immer einer von uns dorthin, um als Ansprechpartner für mögliche Fragen interessierter Passanten bereitzustehen. Allerdings kam so gut wie keiner, den wir hätten ansprechen können: Die für mehrere Wochen anberaumte Ausstellung war noch schlechter besucht als die ersten Vorstellungen im *Mautkeller*. Zum Glück hatte die Stadt auch zu dieser Zeit kein Geld und verwarf die Pläne bald wieder. Wir aber hatten mit unserem Verein sowie der Ausstellung der Kommunalpolitik gegenüber zumindest eine Duftmarke gesetzt, die bewies, wie wichtig uns das Berolzheimerianum war.

Fürths neuem Oberbürgermeister Wilhelm Wenning hatte es offenbar keine Ruhe gelassen, dass zwei Fürther ausgerechnet in Nürnberg künstlerisch durchstarteten. Auch er kannte natürlich den bemitleidenswerten Zustand des Berolzheimerianums und die noch bemitleidenswertere finanzielle Lage seiner Kommune. Andererseits erkannte er das Potenzial, das eine Einrichtung wie die *Kleine Komödie* in der beschaulichen Kleeblattstadt entfalten konnte: Abgesehen von den Heimspielen der gerade – nach jahrzehntelangem sportlichen Siechtum – in die Zweite Liga aufgestiegenen Spielvereinigung, der alle paar Monate in der Stadthalle stattfindenden Hochzeitsmesse und ein paar kleineren Konzerten war hier nicht viel los – außer bei der alljährlichen Kärwa natürlich, zu der ausnahmsweise sogar ein paar Nürnberger den Weg über die Stadtgrenze fanden. Nachdem ich den OB bei seinem »Antrittsbesuch« im Stadtpark nur wenige Tage nach seiner Amtsübernahme auf das »Bero« angesprochen hatte, herrschte erst mal wieder Funkstille. Wenning aber machte sich in dieser Zeit Gedanken, wie eine künftige Nutzung des Gebäudes als Theater funktionieren könnte. Dabei kam ihm und uns entgegen, dass sich die Welt gerade in atemberaubender Geschwindigkeit verändert hatte.

Im Zuge der Wiedervereinigung und des Zerfalls der Sowjetunion wurden nach und nach viele Stützpunkte der Alliierten in Deutschland geschlossen – auch Fürth war ein großer Standort der US-Streitkräfte gewesen. Am 19. Dezember 1995 schließlich holte die US-Army in der William-O.-Darby-Kaserne in der Südstadt ihre Fahne ein und beendete die 50-jährige Anwesenheit amerikanischer Soldaten. Dadurch wurden riesige Flächen für eine anderweitige Nutzung frei. Während die meisten Kasernengebäude rasch abgerissen wurden und ein Ideenwettbewerb für die künftige Nutzung des Areals begann, sollte die Volksbücherei mit ihrer Hauptstelle in die einstige Highschool für die Kinder der Armeeangehörigen einziehen. Für die Stadt, vor allem aber für uns bedeutete das: Das Berolzheimerianum wurde als Bibliothek nicht mehr gebraucht.

»Sie hatten doch unserem Oberbürgermeister gegenüber erklärt, dass Sie sich für dieses Objekt interessieren«, sagte die Dame aus dem Kulturreferat am anderen Ende der Leitung.

Ich wusste zuerst gar nicht, wie ich darauf reagieren sollte.

»Das stimmt«, antwortete ich.

»Nun, es besteht vielleicht die Möglichkeit, das Gebäude anzumieten. Sie müssten allerdings ein Konzept vorlegen, wie Sie das Haus zu nutzen gedenken.«

»Kein Problem, das haben wir praktisch schon«, log ich. »Und wem sollen wir das dann vorlegen?«

»Dem Stadtrat.«

Als die Dame aufgelegt hatte, war ich einigermaßen sprachlos. Ich trommelte Martin, Urmel und Marcel zusammen.

»Wir können es haben«, sagte ich.

»Was haben?«, fragten die anderen.

»Das Berolzheimerianum. Die Bücherei geht raus, und jetzt wollen sie es uns geben. Wir müssen nur ein Konzept erstellen.«

Wir sahen uns an und waren uns vom ersten Augenblick an sicher: Das war die Chance unseres Lebens. Nun bestand eine realistische Möglichkeit, dass unser aller Traum tatsächlich in Erfüllung gehen konnte: ein eigenes Theater, das wir nach unseren Vorstellungen einrichten und bespielen durften. Ohne Jägerbälle, Vertreterkongresse und Kinderfaschingspartys, die uns in die Quere kamen und unsere Garderobe oder das Foyer blockierten. Dafür mit einer Gastronomie, für die man sich nicht schämen musste, und mit Kellnern, die ihre Bestellungen nicht während der Vorstellung quer durch den Saal brüllten. Die *Kleine Komödie Nürnberg* konnten wir trotzdem weiterführen, wahrscheinlich ergab das sogar Synergieeffekte. Immerhin hatten wir unseren dortigen Saal erst vor kurzer Zeit für teures Geld auf Vordermann gebracht. Aber eine eigene *Kleine Komödie Fürth* wäre natürlich die absolute Krönung unseres Betriebs.

Wir setzten uns gleich nach der erfreulichen Mitteilung daran, das gewünschte Konzept zu verfassen. Dabei gaben wir uns größte Mühe, seriös und professionell aufzutreten: Wir schilderten, welche Stücke wir schon in Nürnberg aufgeführt hatten, wie viele Zuschauer wir dort verzeichneten und nun angesichts der mehr als 380 Plätze im Berolzheimerianum erwarteten, wie ein etwaiges Restaurant und eine mögliche Bar aussehen konnten und welchen Mehrwert die gesamte Stadt von einer solchen Einrichtung zu erwarten hatte. Auch wenn wir den Oberbürgermeister hinter uns wussten, mussten wir noch fast 50 andere Kommunalpolitiker verschiedenster Couleur überzeugen. Und darunter befanden sich auch welche, die das Wort »Kultur« nur aus dem Kreuzworträtsel kannten. Um unsere Ambitionen gleich bei der Überreichung unserer Mappe klarzustellen, gaben wir unserem Papier den Titel *Die neue Fröhlichkeit des Seins*. Wir waren uns schließlich sicher, dass niemand etwas dagegen haben konnte, wenn es in Fürth künftig etwas fröhlicher zuging. Das war allerdings eine kleine Fehleinschätzung.

»Das ist ja alles gut und schön. Aber was wollen Sie denn den Leuten zu essen anbieten?«, fragte uns etwa ein Ratsmitglied, nachdem wir unsere Präsentation abgeschlossen hatten. »Ich möchte nämlich nicht, dass es in einem Theater nur so was wie Salamibaguettes gibt.«

»Sind Sie sich des Risikos überhaupt bewusst?«, wollte ein anderer von uns wissen. »Nicht, dass wir alle nach einem Jahr schon wieder vor verschlossenen Türen stehen.«

»In die historische Bausubstanz darf keinesfalls eingegriffen werden«, mahnte ein weiterer.

Wir waren einigermaßen fassungslos. Ein halbes Jahrhundert lang hatte sich kaum jemand von offizieller Seite dafür interessiert, was mit dem Berolzheimerianum geschah. Und nun, wo vier wahrscheinlich etwas zu idealistische und zu enthusiastische Freunde einen konkreten Vorschlag machten, wie dieses vor sich hin darbende Kleinod endlich eine würdige Nutzung erhalten würde, diskutierte die Politik allen Ernstes über Salamibaguettes. Dies waren aber nur Einzelmeinungen. Am Ende des Tages überwog die Begeisterung für unsere Ideen. Mit großer Mehrheit stimmten die Mitglieder der einzelnen Fraktionen unserem Plan zu.

Der Vertrag sah vor, dass wir das Berolzheimerianum für 20 Jahre mietfrei bewirtschaften konnten. Im Gegenzug verpflichteten wir uns dazu, das Gebäude umfassend zu renovieren – unter strenger Berücksichtigung des Denkmalschutzes versteht sich, was die Sache freilich nicht einfacher machte. Die Stadt jedenfalls, das verdeutlichte Wilhelm Wenning trotz aller Sympathie für uns, hatte keine Möglichkeit, uns über die Mietfreiheit hinaus finanziell unter die Arme zu greifen. Und obwohl sie bei der Sparkasse als Fürsprecher für uns auftrat, mussten wir selbst zusehen, wie wir die Mittel für den Umbau zusammenbekamen. Bevor wir einen neuerlichen Termin bei der Sparkasse vereinbarten, die uns erst vor wenigen Jahren den Umbau im Stadtpark vorfinanziert hatte, nahmen wir Marcel als vierten Geschäftsführer in unser Unternehmen auf. Aus einer Gesellschaft nach bürgerlichem Recht mit drei wurde nun eine GmbH mit vier Gesellschaftern. Martin und ich standen zwar fast täglich auf der Bühne, zur Not auch zwei Mal hintereinander. In jenen Zeiten absolvierten wir unfassbare 380 Auftritte pro Jahr, was uns gelegentlich an die Grenzen der Belastbarkeit brachte. Aber nur unsere beiden Schultern konnten die Last der kommenden Jahre nicht tragen. Zu viert aber würde es klappen, da waren wir uns ganz sicher.

Der Termin bei der Bank verlief erstaunlich unspektakulär. Die Summe, um die es ging, verunsicherte Egon und die anderen Sparkassenmanager beinahe mehr als uns. Schlussendlich ging es um 4 Millionen Mark, von denen wir rund 2,8 Millionen als echten Kredit und knapp 1,2 Millionen als Zwischenfinanzierung benötigten, die aber durch unsere Einnahmen im Stadtpark nach und nach wieder ausgeglichen werden sollten. Denn natürlich spielten wir dort erst mal weiter – schon allein, um während der Bauphase keinen Leerlauf zu haben. Es durfte eben nur keinem von uns etwas passieren.

Dass das selbst in unserem einigermaßen jungen Alter nicht selbstverständlich war, hatte ich schon einige Zeit zuvor auf schmerzhafte Weise erfahren müssen. Damals spielten wir gerade unser Stück *Kapriolen*, und die Hütte im Stadtpark war rappelvoll. In einem unserer Sketche wollten wir die Karl-May-Filme veralbern. Urmel gab den Winnetou, Martin spielte Old Shatterhand, und ich hatte mir für meine Rolle als Sam Hawkens im *Quelle Bazar*, in dem das große Versandhaus seine scheußlichsten Restposten verramschte, eine Art Lederkleid gekauft, das Ralf Wolter mit Sicherheit zum Weinen gebracht hätte. Schon vor der Vorstellung hatte ich ein starkes und wellenartig auftretendes Stechen vom Unterleib bis in den Rücken gespürt, schob diese Beschwerden aber auf den derzeitigen Stress und beschloss, mich lieber darauf zu konzentrieren, dass mein Lederfummel nicht verrutschte. Die Schmerzen wurden jedoch im Laufe der nächsten Minuten immer stärker. Kurz vor der Pause musste ich noch als Solo das Lied »Ol' Man River« in der Version von Frank Sinatra singen. Obwohl ich dabei fast ohnmächtig wurde, schaffte ich es bis zum letzten Ton. Dann schleppte ich mich hinter die Bühne.

»Donnerwetter«, staunte Martin, der dort bereits wartete. »So inbrünstig habe ich dich das noch nie singen hören.«

»Du, mir geht's gerade nicht so gut«, entgegnete ich, krümmte mich und versuchte, den Schmerz irgendwie zu ignorieren.

»Scheiße, bist du bleich«, sagte Urmel kurz darauf, während Martin schon wieder vor den Vorhang treten musste, um die zweite Hälfte einzuläuten. »Ich bring dich lieber sofort ins Krankenhaus, bevor du umkippst.«

»Aber das geht doch nicht«, stöhnte ich, wusste aber in diesem Augenblick selbst, dass ich zumindest heute keine einzige Sekunde mehr weiterspielen konnte. Also ließ ich mich notgedrungen von Urmel zu seinem Auto hieven, und wir fuhren mit Vollgas los.

Es tat mir wahnsinnig leid für Martin, dass er nun den Abend irgendwie alleine zu Ende bringen musste und ich ihm nicht einmal über unsere Abfahrt Bescheid sagen konnte. Mir war aber so hundeelend vor Schmerzen, dass ich fast ohnmächtig wurde. Urmel hatte auf dem Weg zum Ausgang geistesgegenwärtig noch einen Abfalleimer ausgeleert und mit zum Wagen genommen – und den Kotzkübel brauchte ich nach einigen Minuten leider auch. Kurz bevor wir an der Klinik ankamen, wurde das Gefühl fast unerträglich. Dann spürte ich auf einmal, wie das Stechen nachließ – und plötzlich war es vorbei. Wie sich hinterher herausstellte, hatte ich eine Nierenkolik erlitten, und ein Stein hatte sich aus dem Nierenbecken gelöst, war in den Harnleiter geraten und kam dann unter größten Qualen heraus. Der Abend war zwar gelaufen, aber schlussendlich war das Ganze Gott sei Dank keine langwierige Angelegenheit. Dennoch zeigte mir dieser Vorfall, dass wir nicht unverwundbar waren. Im Zuge dieses Erlebnisses vereinbarten Martin und ich ein Codewort, das immer dann zum Einsatz kommen sollte, wenn es einem von uns nicht gut ging. Wir mussten es in den letzten 30 Jahren zum Glück nur fünfmal verwenden.

Die Erinnerung an meinen kleinen Nierenstein blendete ich allerdings aus, während wir in Egons Büro in der Kreditabteilung saßen. Zu groß war das Zutrauen in unsere Arbeit, die Zuversicht in unseren Zusammenhalt und die Vorfreude auf unser gemeinsames Projekt. Etwaige Ängste konnten wir jetzt nicht brauchen. Denn eines war leider klar: Würde ein eigenes Theater in Fürth – aus welchem Grund auch immer – nicht funktionieren, hätten Martin, Urmel, Marcel und ich jeweils 700.000 Mark Schulden auf der Uhr. Zuzüglich der Zinsen, die seinerzeit bei fast zehn Prozent lagen, wäre da schnell 1 Million oder mehr zusammengekommen. Das hätte das Ende aller Träume bedeutet und vermutlich nicht nur das. Heute würde ein solches Darlehen vermutlich keine Bank der Welt mehr genehmigen angesichts der einzigen wirklichen Sicherheit, die wir hinterlegen konnten: unseren Humor. 1997 aber gab es noch die Möglichkeit,

Mut und Überzeugung mit als Kriterium für die Vergabe einzubringen.

Als Architekten für den Umbau beauftragten wir erneut Andreas Schonardt. Er machte sich sofort ans Werk und begann, an den Plänen zu arbeiten, mittels derer aus der alten Bruchbude ein echtes Schmuckstück werden sollte. Allerdings waren er und damit auch wir nicht vollkommen frei in unseren Gestaltungsmöglichkeiten. Das Berolzheimerianum war nämlich noch bewohnt: Im ersten Stock befand sich die Wohnung von Otto Tröger, dem langjährigen Hausmeister des Gebäudes, der inzwischen allerdings seinen Ruhestand angetreten hatte. Der etwas rundliche und von Natur aus recht gemütliche Mann war ein echtes Original. Bedenkt man, wie lange er schon über das »Bero« wachte und wie viele Menschen den Saal in dieser Zeit gemietet hatten, bedenkt man auch, dass sein Bruder Walter früher mal beim 1. FC Nürnberg gespielt hatte und nun bei der SpVgg Fürth Kinder betreute, so gehörten die Tröger-Brüder vermutlich zu den bekanntesten Bewohnern unserer Stadt. Angesichts dessen und weil er vor Kurzem zum Witwer geworden war, sicherten wir in unseren Verhandlungen mit der Stadt zu, dass Herr Tröger dort wohnen bleiben konnte. Außerdem boten wir ihm an, uns als Angestellter mit geringfügiger Beschäftigung weiterhin zur Hand zu gehen, um sich so seine Rente aufbessern zu können.

Anders als Martin und die meisten sonstigen Künstler, die hier auftraten, hatte ich bei Otto immer schon gewisse Sonderrechte. Von ihm hing es ab, ob man seinen Auftritt überziehen konnte oder auf die Minute genau den Saal räumen musste. War die zuvor vereinbarte Zeit abgelaufen, stellte er sich hinten in den Raum und begann, mit seinem riesigen Schlüsselbund zu klappern. Da an dem Ding vermutlich deutlich mehr Schlüssel hingen als bei einem

Justizvollzugsbeamten, verfehlte das Signal selten seine Wirkung. Ich aber durfte meistens länger spielen, selbst absperren und den Schlüssel für den Saal anschließend bei ihm einwerfen. Das war ein großes Privileg, dessen ich mir auch sehr bewusst war. Als wir ihm von unserem Vorhaben berichteten, freute Otto sich, dass in »seinem« Berolzheimerianum endlich etwas passierte – und es imponierte ihm wohl auch, dass wir uns diesen Umbau zutrauten. Allerdings fehlte uns natürlich durch sein Wohnrecht Platz, den wir ansonsten für unser Büro hätten nutzen können. Das befand sich seit Urzeiten am Fürther Helmplatz, und mit nun drei Anlaufstellen inklusive des Nürnberger Stadtparks wurde es langsam etwas mühsam.

Als Andreas seine Planungen abgeschlossen hatte, waren wir sofort begeistert: Abgesehen von der Auffrischung des Saals unter anderem mit neuer Technik und neuen Möbeln, einem schweren Vorhang und einer hochprofessionellen Beleuchtung hatte er für das Foyer auch eine Bar vorgesehen sowie eine separate Garderobe, an der die Leute ihre Jacken und Mäntel abgeben konnten. Ins Erdgeschoss sollte unsere Theatergastronomie einziehen: Im oberen Bereich würde es mit dem längsten Tresen Frankens (zumindest behaupteten wir das und wurden nie widerlegt) eine große Bar geben, an der unsere Gäste sowohl vor als auch nach den Vorstellungen ein Gläschen trinken konnten. Und im unteren Raum, in dem sich einst die Ausleihe mit dem Bücheraufzug befand, wollten wir ein elegantes Restaurant mit schweren Stofftischdecken, feiner Küche und dezenter Hintergrundmusik etablieren, in dem es ohne Frage *keine* Salamibaguettes geben würde. Um das alles gewährleisten zu können, mussten wir eine sündteure Megaküche einbauen, zahlreiche neue Toiletten und andere Funktionsräume, und direkt neben dem Eingang war sogar Platz für ein kleines

Kassenhäuschen eingeplant. Empfangen wurden alle künftigen Besucher vom steinernen Heinrich Berolzheimer, der nun vor einer mächtigen Wand aus Spiegeln thronte. Wenn es nach mir alleine gegangen wäre, hätte alles gerne noch ein bisschen bunter sein dürfen, doch die anderen drei setzten sich mit einer dezenteren Farbgebung vorwiegend in Gelb- und Blautönen durch. Es war mir fast zu brav, aber schön fand ich das, was ich da erst mal auf dem Papier gezeichnet vorfand, trotzdem.

»Wie lange dauert es, bis alles fertig ist?«, fragte ich unseren Architekten und rechnete allenfalls mit einer ungefähren Zeitangabe.

»Wenn wir im Januar loslegen können, sind wir in acht Monaten fertig.«

»Das heißt, wir können im September eröffnen?«

»Klar. Dann könnt ihr loslegen«, antwortete Andreas Schonardt.

»Du bürgst mit deinem Leben, dass das klappt«, meinte Martin einige Wochen später, nachdem wir alle Planungen auf dieses Datum ausgerichtet hatten. Im Stadtpark stand bis dahin noch unser fast schon traditionelles Faschingsprogramm bevor, im Frühjahr dann *Der Bauernfünfer*, der die in diesen Jahren sehr populären Bauerntheaterstücke von Peter Steiner und anderen bayerischen Volksschauspielern aufs Korn nahm, außerdem ein musikalisches Solo von mir zusammen mit Stefan Porzner und ein Kabarett mit Martin. Alles in allem absolvierten wir weit über hundert Auftritte allein in Nürnberg, dazu noch Dutzende Gastspiele andernorts, während eine ganze Armada an Handwerkern, Freunden und Familienangehörigen am neuen Berolzheimerianum werkelte.

So halfen etwa Martins Vater Albert, Urmels Vater Werner und mein Vater Walter tatkräftig mit, um das so knapp wie möglich kalkulierte Budget einzuhalten. Mein Papa hatte sich gerade erst von einer schweren Krankheit erholt, wegen der er sogar einige Zeit im Koma gelegen war, und sollte sich eigentlich schonen. Aber als Malermeister ließ er es sich nicht nehmen, beim Innenausbau selbst Hand anzulegen. Eigentlich wollte er nach seiner Genesung auf keine Leitern mehr steigen, was sich angesichts der teils bis zu zehn Meter hohen Räume aber nicht vermeiden ließ. Beim Deckenstreichen passierte es dann: Albert konnte die riesige Leiter nicht mehr halten, das Ding kippte der Länge nach um und mein Vater mit. Wie durch ein Wunder ist weder ihm noch Albert etwas passiert, aber selbst solche dramatischen Begebenheiten verfestigten nur unseren unerschütterlichen Glauben daran, dass alles, was hier gerade passierte, einen Sinn ergab.

»Wir brauchen noch einen eingängigen Namen«, fiel uns irgendwann siedend heiß ein, dass das Berolzheimerianum noch immer Berolzheimerianum hieß.

»›Kleine Komödie Fürth‹ können wir nicht machen, dann verwechselt das jeder«, waren wir uns schnell einig.

»Außerdem wird es hier groß und nicht klein«, sagte Martin.

»Aber irgendetwas mit ›Komödie‹ sollte nach Möglichkeit schon in der Bezeichnung enthalten sein, damit die Leute wissen, was sie hier erwartet«, gab ich in die Runde.

»Und einfach ›Komödie Fürth‹?«, fragten die anderen.

»Klingt nicht schlecht, aber wir müssen uns trotzdem von Nürnberg abgrenzen«, meinte Urmel.

»Komödie kann man doch eigentlich auch mit einem C schreiben«, fiel mir ein.

»Super. So kann ich auch viel besser ein griffiges Logo daraus basteln«, meinte Marcel.

Der Name war geboren – und wie so vieles eine gemeinsame Entscheidung. Auch wenn wir uns nicht in allem sofort einig waren und jeder seine eigene Sicht auf die Dinge mit einbrachte, gab es zwischen uns praktisch nie Streit, was angesichts unserer verschiedenen Charaktere mehr als erstaunlich schien. Stattdessen herrschte die pure Vorfreude auf das, was hier gerade am Entstehen war.

Während das gesamte Gebäude innen mühevoll entkernt sowie außen eingerüstet und mit riesigen Planen blickdicht verdeckt wurde, stellten wir nach und nach unser Team zusammen. Neben den bestehenden Mitarbeitern am Helmplatz, die schon unsere kleine Verwaltungseinheit für den Stadtpark bildeten, kamen in atemberaubender Geschwindigkeit immer neue Menschen hinzu. Wir warben Köche und Küchenhilfen aus Fürther Restaurants ab, rekrutierten Servicekräfte und suchten jede Menge Einlasspersonal – von allem ein bisschen zu viel, weil wir unseren künftigen Gästen einen besseren Service bieten wollten als ihn Reiner Most pflegte. Zu den 18 Beschäftigten in Nürnberg kam nun gut und gerne das Doppelte in Fürth dazu. Das stellte natürlich einen riesengroßen Posten bei den Fixkosten dar, aber wir wollten gerade am Anfang nichts dem Zufall überlassen. Der erste Schuss musste sitzen – wer hierherkam und sich nicht wohlfühlte, kam womöglich nicht wieder. Deswegen lautete unser Motto »klotzen, nicht kleckern«.

Wilhelm Wenning hatte sich doch noch einen Ruck gegeben und zumindest einen neuen Fassadenanstrich springen lassen: Die *Comödie* leuchtete wenige Wochen vor ihrem geplanten Start in strahlendem Gelb statt des bisherigen Abgasgrau des Berolzheimerianums, verursacht durch die Tausenden von Autos, die tagtäglich auf der Schwabacher Straße vorbeifuhren. Wir hatten den 22. September 1998 – einen Dienstag – für unsere große Feier geblockt und neben unseren Familien und Freunden auch fast alle Honoratioren aus Nürnberg und Fürth eingeladen, die beiden Oberbürgermeister eingeschlossen. Je näher der Termin rückte, desto nervöser wurden wir.

»Wenn mich jetzt noch einer von euch fragt, ob wir rechtzeitig fertig werden, dann drehe ich mich um und komme nie wieder«, drohte Andreas, da wir uns bei ihm beinahe täglich versicherten, ob es mit dem avisierten Datum wirklich klappen würde. Zu unserem großen Erstaunen hielt er sich aber nicht nur an die Zeitschiene, sondern auch an den vorgegebenen Kostenrahmen, sodass wir keine weiteren Mittel zuschießen mussten. Das wäre zwar auch gar nicht gegangen, denn selbst die wohlwollenden Sparkassen-Verantwortlichen hatten sämtliche Spielräume ausgereizt. Insgeheim aber hatten wir nicht damit gerechnet, dass alles so glattging, von einigen kleineren Pannen abgesehen.

Für die ersten Wochen in unserer neuen *Comödie* hatten wir uns die knallbunte Spaßrevue *Showtime Fürth* als Eröffnungsgala ausgedacht, die mit kurzen Unterbrechungen bis Mitte November laufen sollte. Um aber auch im Stadtpark weiter möglichst viel Publikum empfangen zu können, engagierten wir das berühmte *Ohnsorg Theater* mit Heidi Mahler, der Tochter der großen Heidi Kabel, die soeben ihren Abschied von der Bühne erklärt und ihr Lebenswerk an Kind und Schwiegersohn weitergegeben hatte. Wir waren uns sicher, dass die aus dem Fernsehen weithin bekannten und sympathischen Hamburger auch hierzulande gut ankamen und wir auf diese Weise perfekt zweigleisig fahren konnten: mit unserem eigenen Programm in Fürth und einem hoffentlich ausgebuchten Gastspiel in Nürnberg. So wollten wir unseren wirtschaftlichen Druck erheblich mindern und auch Reiner Most zufriedenstellen – obwohl er unser neues Projekt mehr gleichgültig als argwöhnisch betrachtet hatte.

Nach ihrer Premiere gingen wir mit der gesamten *Ohnsorg*-Truppe nicht zum Quinto wie sonst üblich, sondern fuhren direkt in die *Comödie Fürth*, um mit den Kollegen ausgiebig unser künftiges kulinarisches Angebot und vor allem die üppige Getränkeauswahl zu testen. Heute würde man das vermutlich »Pre-Opening« nennen, zu dieser Zeit aber waren wir einfach nur stolz, diesen renommierten Schauspielern unsere neue Spielstätte zeigen zu können. Wir hingegen kannten deren geschichtsträchtiges Haus in der Straße Große Bleichen in Hamburgs Innenstadt natürlich längst und hatten uns schon oft von der dortigen Atmosphäre und den Stücken inspirieren lassen. Die improvisierte Feier mit den lustigen Hanseaten wurde ein wundervoller Abend, über den wir uns noch heute unterhalten, wenn wir uns wiedersehen. Ansonsten aber lief das *Ohnsorg*-Gastspiel leider nicht besonders erfolgreich. Die Franken fanden offenbar keinen Zugang zum norddeutschen Humor, jedenfalls waren die Auftritte nicht annähernd so gut verkauft wie erwartet. Trotz dieser Enttäuschung konnten wir uns keine großen Gedanken darüber machen. Stattdessen fieberten wir dem 22. September entgegen wie kleine Kinder der Bescherung.

Nachdem wir inzwischen durch die Übernahme des Berolzheimerianums einen guten Draht zu unserem Stadtoberhaupt aufgebaut hatten und auch seinen Nürnberger Amtskollegen Ludwig Scholz und seine Frau Ute seit der ersten Begegnung bei unserem Jubiläum vor zwei Jahren immer wieder bei anderen Anlässen trafen, entstand eines Tages der Gedanke, die beiden in der Bevölkerung sehr beliebten Lokalpolitiker in einer originellen Art und Weise in die Eröffnung einzubinden. Zu dieser Zeit hatten unsere beiden Figuren Waltraud und Mariechen, auf die wir in diesem Buch natürlich noch genauer zu sprechen kommen, den absoluten Gipfel ihrer Popularität erreicht.

»Wir könnten die zwei Oberbürgermeister doch fragen, ob sie sich als Gag auf der Bühne so anziehen würden wie unsere Witwen«, sagte ich zu Martin.

»Das machen die nie«, antwortete er, fand die Idee aber

dennoch irgendwie gut. »Ich frag mal die Ute. Die kann ihren Mann vielleicht besser überreden als wir.«

Zu unserer Überraschung war Frau Scholz für den Spaß sofort zu haben und versprach, ihren Gatten für diese kleine Einlage zu gewinnen. Auch Wilhelm Wenning war erstaunlicherweise bereit, sich in ein altmodisches Damenkostüm stecken zu lassen, Perücke und Hut aufzusetzen, Ohrringe anzuklipsen, eine Perlenkette umzuhängen und zusammen mit Kollege Scholz aufzutreten. Als der langersehnte Abend begann, waren wir vollkommen durch den Wind vor Aufregung und Erschöpfung. Während die Handwerker bis zur letzten Minute noch mit einzelnen Schlussarbeiten beschäftigt waren, hatten wir Gästelisten und Sitzordnungen erstellt, ein üppiges Buffet vorbereitet, eine Blaskapelle für den standesgemäßen Empfang der Gäste vor der Tür organisiert und Sicherheitsanweisungen umgesetzt, weil unserer Einladung sogar der damalige bayerische Innenminister Günther Beckstein gefolgt war, der unsere Vorstellung nicht nur mit seiner Frau Marga, sondern auch mit Personenschutz am Nebentisch genoss.

Die Eröffnung selbst verlief dann erstaunlich reibungslos. Wir hatten dummerweise nur versäumt, den Eingeladenen mitzuteilen, keine Geschenke mitbringen zu müssen. So aber bekamen wir neben viel Selbstgebasteltem und einigen Dutzend Flaschen Sekt und Wein vor allem unzählige Torten, mit denen wir die halbe Stadt zum Kaffeekränzchen hätten einladen können. Umjubelter Höhepunkt des Tages war dann – wie nicht anders zu erwarten – der Auftritt der beiden Politiker. Martin alias Waltraud und ich als Mariechen hatten bereits an einem Tisch auf der Bühne Platz genommen, bevor wir Wilhelm Wenning und Ludwig Scholz hereinbaten. Als sie dann in ihrem Fummel ins Scheinwerferlicht traten, flogen uns fast die Ziegel vom Dachstuhl. Die Leute schrien vor Begeisterung, wie ich es zuvor nicht einmal bei den obligatorischen Bademantelzugaben in Udo-Jürgens-Konzerten erlebt habe. Zehn Minuten lang war es nicht möglich, mit Wenning und Scholz ein normales Wort zu wechseln, wie wir es eigentlich vorhatten, so laut war es im Saal. Das Foto von uns vieren im Witwen-Outfit ging am nächsten Tag durch die komplette fränkische Presse, und wir hatten mit diesem kleinen Gag ein echtes Ausrufezeichen in Sachen Humor gesetzt. Selbst Herr Beckstein war restlos begeistert und fragte uns hinterher, warum wir ihn nicht auch in die Nummer einbezogen hatten.

»Wir haben uns nicht getraut«, antwortete ich wahrheitsgemäß, aber er lachte nur und meinte, er hätte schon mitgemacht.

Die ersten Wochen in der *Comödie* verliefen beinahe surreal. Jeden Tag, wenn wir am späten Nachmittag vom Helmplatz herüberkamen, brummte das Geschäft bereits. Die Bar war ebenso rappelvoll wie das Restaurant, und sämtliche Vorstellungen bis in den Winter hinein waren ausverkauft. Probleme gab es nur mit den Parkplätzen, denn zu dieser Zeit hatte die Stadt noch kein Parkhaus in der Nähe errichtet, und nicht wenige Besucher, vor allem von auswärts, fuhren eine Stunde oder länger im Kreis, bevor sie ihren Wagen irgendwo verbotswidrig abstellten und entnervt bei uns ankamen. Auch die alte Dampfheizung, die seit Anfang des Jahrhunderts ihren Dienst verrichtete und nur von Otto bedient werden konnte, bereitete uns einigen Kummer. Je kälter es draußen wurde, umso mehr bemerkten wir, dass wir weniger die *Comödie* als vielmehr den halben Bahnhofsplatz beheizten. Die Fenster waren undicht und die Heizung völlig ineffizient, sodass wir die erste Heizkostenabrechnung mehr fürchteten als einen Einbruch der Zuschauerzahlen. Doch alles auf einmal konnten wir nicht instand setzen – wir mussten nun erst mal wieder Geld verdienen.

Der Stadtpark war dabei wider Erwarten keine große Hilfe. Ohne uns lief es dort schlechter als selbst in unseren pessimistischsten Planungen vorhergesehen. Wir hatten unterschätzt, dass die meisten Menschen vorwiegend wegen uns dorthin gekommen waren und nicht wegen des sonstigen Programmangebots. Nun kamen auch die Nürnberger eben nach Fürth in unsere Vorstellungen und ließen die *Kleine Komödie* links liegen. Ob es auch daran lag oder Reiner Most einfach die Lust an der Gastronomie verloren hatte, wussten wir nicht. Aber eines Tages teilte er uns typischerweise eher nebenbei mit, dass er das *Stadtparkrestaurant* aufgegeben und der Kulturverein bereits einen Nachfolger ausgesucht hatte: einen stadtbekannten Diskotheken-Betreiber, der aus der Lokalität eine Art Tanzklub mit nachmittäglichem Café-Betrieb namens *Parkcafé* machen wollte. Der Mann war nicht gerade für ein besonders seriöses Geschäftsgebaren bekannt und ließ von Anfang an keinen Zweifel daran, dass er unseren Theaterbetrieb als nicht wirklich passend zu seinem neuen Konzept empfand, das sich vorwiegend an junge Partygänger richtete.

Wir versuchten noch einmal alles und engagierten große Stars wie Peer Augustinski, Ursela Monn oder Anita Kupsch, doch es half nichts. Je schlechter die Zahlen wurden, umso leichter fiel uns schließlich der Abschied von dem Ort, der uns überhaupt erst so bekannt gemacht hatte, dass wir unsere *Comödie* gründen konnten. Es kam, wie es kommen musste: Mitte 2000 beendete Martin mit seinem Stück *Hokus Pokus* von Curt Goetz die Ära *Kleine Komödie*. Eine Ablöse für unsere erst fünf Jahre zurückliegenden Umbaumaßnahmen wollte der neue Stadtparkrestaurantchef natürlich nicht bezahlen, also bauten wir zumindest die teure Technik aus und verscherbelten die Bestuhlung an den Kulturverein. Unser gutes altes Bühnenportal, das uns Jürgen einst für den *Mautkeller* maßgeschreinert und dann an den Stadtpark angepasst hatte, landete klein gehackt auf dem Sperrmüll. So traurig uns das alles auch stimmte, so zuversichtlich blickten wir in Fürth nach vorne. Alles hatte eben seine Zeit.

Wir hatten sowieso keine Gelegenheit, darüber nachzudenken: Unmittelbar nach unserem Ende in Nürnberg sollte die *Comödie Fürth* nach nicht einmal zwei Jahren ihres Bestehens eine besondere Ehre erfahren: Da das Fürther Stadttheater umfassend saniert wurde, suchte der dortige Intendant Werner Müller Ersatzspielstätten. Auch unser Haus wurde ausgewählt – für das Musical *Cabaret*, das im Berlin der 30er-Jahre spielte und mit dessen Verfilmung Liza Minnelli zum Weltstar geworden war. Wenn man so will, wurde *Cabaret* zu einem wahren Schicksalsstück, an das ich mich noch immer fasziniert und bedrückt zugleich erinnere. Auch für mich war eine Rolle vorgesehen, ansonsten spielten unter anderem die Galionsfigur des Nürnberger Theaters Marita Kral sowie *Lindenstraße*-Star Raimund Gensel mit.

Der Stoff bot keine leichte Kost, was unser Publikum verwirrte. Es erwartete in der *Comödie* eher leichte Unterhaltung, und einige missverstanden auch den Titel, der sich aber nicht auf das Genre, sondern auf den Nachtklub bezieht, in dem die Hauptfigur Sally Bowles auftritt, bis das Dunkel der beginnenden Nazi-Herrschaft sämtliche Träume der Protagonisten vernichtet. Doch auch in Wirklichkeit zogen dunkle Wolken auf: Während des Stücks verstarb zuerst die Mutter von Marita Kral, kurz darauf auch mein geliebter Vater. Raimund Gensel erkrankte schwer an Krebs, und wenige Wochen nach der Produktion erlitt unser Regisseur auch noch einen tödlichen Gehirnschlag.

Als wäre das nicht furchtbar genug, verstörten wir auch noch auf schlimme Weise einige besondere Gäste: Zur Handlung gehörte es, dass Lutz Glombeck, der einen SS-Offizier darstellte, von außen über die Feuertreppe in den Theatersaal eindrang. Dazu musste er auch durch unseren Biergarten gehen, an dem eines Abends eine Gruppe emigrierter Fürther Juden zu Abend aß. Sie waren von der Stadt eingeladen worden, 55 Jahre nach Kriegsende ihre frühere Heimat zu besuchen, und waren zu Recht schockiert, als sie einen Mann in SS-Uniform an sich vorbeilaufen und das Berolzheimerianum, das ja von einem jüdischen Stifter gegründet worden war, hinaufklettern sahen. Zum Glück konnten wir die Situation im Nachhinein aufklären, aber beschämt waren wir dennoch.

Liza Minnelli traf ich übrigens fast auf den Tag genau zehn Jahre später in München bei einer Einladung von Fritz Wepper, der an ihrer Seite ebenfalls in der Hollywood-Produktion von *Cabaret* aus dem Jahr 1972 mitgewirkt hatte – was viele nicht oder nicht mehr wissen, die den guten Fritz immer nur als *Derrick*-Assistenten Harry identifizieren. Die Minnelli entpuppte sich dabei als allürenfreie, unkomplizierte und unterhaltsame Gesprächspartnerin, und wir konnten über unsere gemeinsame Erfahrung mit dem Stück plaudern, was meine Erinnerung zumindest etwas geraderückte. Damals aber war es gut, dass wir uns danach zunächst wieder der etwas leichteren Muse zuwandten.

Über unsere eigenen Stücke hinaus war die *Comödie Fürth* allerdings von Anfang an auch immer eine attraktive Anlaufstelle für andere Künstler. Viele heute sehr bekannte Stars, die längst in Multifunktionsarenen vor 8.000 Menschen auftreten, waren in den Anfangstagen ihrer Karriere bei uns zu Gast und froh, wenn zumindest 200 Zuschauer den Weg ins Theater fanden. Wiederum andere, die längst auch große Hallen füllen konnten, fühlten sich in unserer familiären Atmosphäre wohler und kamen trotz ihres größer werdenden Erfolgs immer wieder gerne in unser beschauliches Haus. Und einige, deren beste Zeiten schon länger zurücklagen, waren froh, wenn wir ihnen noch künstlerisches Obdach gewährten.

Obwohl die Liste unserer Gastspielkollegen in den vergangenen 25 Jahren endlos lange geworden ist und von Ingo Appelt über Mario Barth, Mirja Boes, Monika Gruber, Rüdiger Hoffmann, Carolin Kebekus, Markus Krebs, Mundstuhl, Torsten Sträter, Atze Schröder bis Kaya Yanar und vielen, vielen mehr reicht, erinnere ich mich vor allem an einige besonders kuriose oder bemerkenswerte Begebenheiten. Als der unvergessene Dieter Hildebrandt, der Schweizer Kultkomiker Emil Steinberger oder unser unvergleichliches Jugendidol Dieter Hallervorden auf unserer Bühne saßen, bekam ich Gänsehaut und war vor den Begegnungen aufgeregt wie ein Schuljunge. Peer Augustinski feierte bei uns sein Comeback nach seinem schweren Schlaganfall, was ebenfalls sehr bewegend war. Udo Lindenberg veranstaltete bei uns die Pressekonferenz für sein Nürnberger Konzert, warf sich begeistert in eine Fürth-Jacke und schenkte uns ein frisch gemaltes Likörell. Friedensnobelpreisträger Henry Kissinger schaute bei einem seiner Heimatbesuche in der *Comödie* vorbei und brachte sogar seinen Bruder mit. Und dass mich Grit Boettcher, vor deren angeblichen Allüren wir wirklich etwas Angst hatten, nach ihrer Premiere in den Arm nahm, mir das »Du« anbot und betonte, wie gerne sie bei uns spielte, trieb mir Tränen der Rührung in die Augen.

Unvergessen blieb mir auch der Auftritt einer jungen Komödiantin Anfang der 2000er-Jahre, die von den Veranstaltern als Geheimtipp gehandelt wurde und die auf einmal vor unserem Büro am Helmplatz auftauchte, wo sie offenbar etwas suchte.

»Wo ist denn hier das Theater?«, fragte mich die sympathische Frau etwas unsicher, nachdem ich beobachtet hatte, wie sie aus einem Kleinwagen mit Berliner Kennzeichen ausstieg und sich ratlos umsah.

»Das kommt drauf an, wo Sie hinwollen. Wer sind Sie denn?«, fragte ich, weil ich sie ohne ihr Bühnenoutfit nicht sofort erkannte.

»Ilka Bessin mein Name. Aber ich trete unter meinem Künstlernamen Cindy aus Marzahn auf.«

»Dann sind Sie heute Abend bei uns«, lachte ich und erklärte ihr den Weg vom Büro bis zur *Comödie*.

Solche Situationen kamen immer wieder vor – zumindest, bis wir unsere Büros nach dem Tod von Otto Tröger ins Theater verlegten, indem wir seine Wohnung zu einer Art Verwaltung umbauten. Dadurch arbeiten Marcel und die anderen Kollegen aus diesem Bereich heute in seiner früheren Küche, dem ehemaligen Duschbad oder Ottos geliebtem Wohnzimmer; einer sogar auf seinem alten Klo. Und wenn schon die Räume selbst nicht mehr an den Hausmeister mit der wahrscheinlich längsten Dienstzeit Frankens erinnerten, ließen wir die Klingel mit seinem Namensschild als Ehrerbietung an unserer Bürotür bis zum heutigen Tage hängen.

Legendär war auch der Auftritt eines gewissen Alexander Bojcan, der unter seinem Pseudonym Kurt Krömer zwar im Berliner Raum recht populär, in unseren Breitengraden zu jener Zeit allerdings noch recht unbekannt war. Auch er steuerte erst den Helmplatz an, fand dann doch rechtzeitig zur *Comödie* und spielte am Abend vor halb vollem Haus sein Programm mit dem schönen Titel *Na, du alte Kackbratze*, in dem er mit unnachahmlicher Berliner Schnodderschnauze die Leute verarschte. Als Krömer sich in die Pause verabschiedete, bemerkten wir eine zunehmende Unruhe im Publikum. Gleich mehrere Tischreihen leerten sich, die Leute standen auf, machten sich auf nach draußen und holten ihre Jacken, um zu gehen.

»Was ist denn los?«, fragte Marcel die sehr irritiert wirkenden Damen und Herren. »Gefällt es Ihnen nicht?«

»Nein, uns gefällt der Abend leider überhaupt nicht! Ehrlich gesagt, hatten wir uns unter dem Humor von Heißmann und Rassau etwas anderes vorgestellt«, betonte der Reiseleiter.

Wie sich aufklärte, war eine ehemalige Balletttanzgruppe extra aus Offenbach angereist, um Martin und mich zu sehen. Die Organisatoren waren irrtümlich davon ausgegangen, dass nur wir beide und sonst niemand in der *Comödie* spielten. So hatten sie aus Versehen Krömer gebucht und konnten mit dessen *Kackbratze* nur wenig anfangen. Als Kurt dann wieder auf die Bühne trat und feststellte, dass der ohnehin schon spärlich besuchte Saal nun noch viel leerer geworden war, zuckte er kurz, zog sein Programm aber eiskalt weiter durch – und musste hinterher selbst lachen, als wir ihm vom Fauxpas der Offenbacher Rentner erzählten.

Etwas weniger witzig war die Begegnung mit einem der ganz Großen der deutschen Unterhaltung. Mit großen Erwartungen hatten wir für einige Tage das Stück *Der Priestermacher* gebucht, in dem Schauspieler Ralf Bauer, vor allem aber TV-Ikone Joachim Fuchsberger die Hauptrollen spielten. Fuchsberger galt als ebenso professionell wie schwierig, aber wir freuten uns natürlich ungemein, eine solche Persönlichkeit bei uns begrüßen zu dürfen. Mit seiner Agentin Frau Kempf hatten wir zuvor vereinbart, dass an den Tischen in unserem Theater wie üblich gegessen und getrunken werden durfte, was keinen Künstler zuvor je gestört hatte. Fuchsberger allerdings kam schon nicht mit der besten Laune auf den letzten Drücker bei uns an.

»Ich glaube, ich bin hier falsch«, eröffnete er uns, als wir ihn im Spalier in Empfang nehmen wollten.

»Guten Tag, Herr Fuchsberger. Warum denn?«, fragte ich einigermaßen eingeschüchtert.

»Der Taxifahrer hat mich zuerst zum Stadttheater gefahren. Ich habe ihm erklärt, dass ich in der *Comödie* spiele.

Daraufhin hat er gesagt, das könne er sich nicht vorstellen, da laufe sonst nur Quatsch. Das kann ja was werden!«

Mit dieser Grundstimmung betrachtete er kurz darauf unseren Saal.

»Die Tische kommen aber noch raus«, teilte er uns mit, während die ersten Gäste bereits Platz nahmen und Ralf Bauer schon in der Garderobe auf seinen Bühnenpartner wartete.

»Das geht nicht, Herr Fuchsberger. In einer halben Stunde fängt die Vorstellung an.«

In diesem Augenblick rastete der immer so verbindlich wirkende Blacky aus, schimpfte über seine Agentin und weigerte sich aufzutreten. Zum Glück war Frau Kempf an jenem Abend ebenfalls da. Sie bestätigte ihm, dass alles zwischen uns genauso vereinbart war, und schaffte es, Fuchsberger zu einem Kompromiss zu bewegen: Die Tische konnten stehen bleiben, aber die Leute durften keine Getränke und erst recht keine Speisen mit an den Platz nehmen. Dennoch war das Publikum dem *Priestermacher* sehr wohlgesinnt und spendete nach der Premiere lang anhaltenden Applaus.

»In diesem Puff spielt es sich hervorragend«, urteilte er deutlich gelöster nach dem Ende des Abends, und wir dachten, dass die folgenden Vorstellungen nun entspannter ablaufen würden.

Am nächsten Morgen jedoch rief er uns wieder genauso schlecht gelaunt wie am Vortag aus dem Hotel an und erklärte, dass wir die Tische nun doch abbauen müssten, andernfalls würde er die restlichen Auftritte ersatzlos absagen. Weil alles recht gut verkauft war, hatten wir keine Wahl. Und so war das restliche Gastspiel des unvergessenen Joachim Fuchsberger das einzige Mal, bei dem es in der *Comödie* weder Tische noch Getränke und schon gar kein Essen gab.

Ungleich unkomplizierter hingegen war die österreichische Kabarettlegende Otto Schenk, den ich persönlich am Nürnberger Flughafen abholte, wo er mit der Frühmaschine aus Wien angekommen war. Schenk war schon weit jenseits der 70, als wir ihn erstmals nach Fürth lotsen konnten. Als ich ihn zu seinem Hotel fuhr, fragte ich ihn angesichts der Uhrzeit, ob er Lust hatte, mit uns mittagessen zu gehen.

»Aber selbstverständlich gerne«, sagte er. »Wenn's keine Umstände macht.«

»Überhaupt nicht«, freute ich mich. »Sterneküche oder lieber fränkische Hausmannskost?«

»Ach geh – Sterneküche«, spottete Schenk, »fränkisch natürlich.«

Daraufhin reservierte ich umgehend einen Tisch bei Christa Weinländer, die zusammen mit ihrem Bruder Hans und Mutter Marianne ein uriges Wirtshaus in Cadolzburg vor den Toren Fürths betrieb, in dem meine Familie und ich Stammgäste waren. Wer sich mit den Gepflogenheiten unserer deftigen einheimischen Küche bekannt machen wollte, war hier richtig. Wer allerdings Wert auf leichte Kost legte, eher nicht. Ich kündigte Schenk bei Christa an und bat um einen ruhigen Tisch, an dem wir gemütlich essen und plaudern konnten. Nachdem ich den Grandseigneur des Wiener Theaters wieder abgeholt hatte, fuhren wir nach Cadolzburg. Dort angekommen, wies uns Seniorchefin Marianne unseren Platz zu und brachte die Karte. Sie war ein echtes Cadolzburger Original, nicht auf den Mund gefallen und nie um einen Witz verlegen.

»Sie sind also der berühmte Herr Schenk?«, fragte sie ihn.

»Ja, das bin ich, gnä' Frau.«

»Na, wir sind ja ungefähr im gleichen Alter. Aber einen Bembel bekommen Sie von mir keinen«, entgegnete sie trocken, und ich wäre beinahe im Boden versunken. Marianne hatte tatsächlich Otto mit Heinz Schenk verwechselt, den Moderator des *Blauen Bocks*. Ich wollte mich gerade für diese Peinlichkeit entschuldigen, da nahm mich Otto Schenk am Arm und lachte.

»Sie glauben gar nicht, wie oft mir das passiert«, schmunzelte er – und bestellte danach die halbe Speisekarte. Er aß so viel und so genussvoll, dass ich Angst bekam, er könne vor lauter Bratwürsten, Schäuferla und Braten sein Gastspiel am Abend nicht absolvieren. Aber nach einem kurzen Nickerchen am Nachmittag stand er pünktlich bei uns auf der Matte, legte einen denkwürdigen Auftritt hin und bedankte sich mit Tränen in den Augen für den schönen Tag, als er spätnachts ins Taxi stieg.

Auch Joachim Gauck ist mir in angenehmer Erinnerung geblieben. Er war gerade auf Lesereise, als ihn kurz nach dem Rücktritt von Christian Wulff die Nominierung zum Bundespräsidenten erreichte. Gauck sagte daraufhin umgehend alle weiteren Termine ab – nur den nicht, der in der *Comödie* stattfinden sollte und der von unserer Direktorin Eva Brütting schon ein Jahr zuvor vereinbart worden war. Wir gingen trotzdem fest davon aus, dass auch diese Lesung seiner Autobiografie *Winter im Sommer – Frühling im Herbst* alsbald gestrichen wurde, doch der Tag rückte näher und näher – und nichts tat sich. Langsam wurden wir nervös, und eines Morgens erreichte uns ein Anruf aus der Protokollabteilung des Bundespräsidialamtes.

»Wir müssen mit Ihnen über den 24. Februar sprechen«, sagte der Mann am Apparat. »Da müssen noch einige Vorkehrungen getroffen werden.«

Offenbar hatte Gauck, der Anfang März von der Bundesversammlung gewählt werden sollte, tatsächlich vor, zu uns nach Fürth zu kommen. Was dann folgte, waren die verrücktesten Stunden, die wir in unserem Theater jemals erlebten. Als klar war, dass der künftige Präsident bei uns noch einmal sozusagen in Zivil auftreten würde, stand das Telefon nicht mehr still. *ARD, ZDF, BR, dpa, Süddeutsche Zeitung, Der Spiegel, Focus* und so weiter – alle wollten sie dabei sein. Am Ende verzeichneten wir 60 Medienvertreter, die wir teils auf die Treppe oder in die Gänge setzen mussten, weil wir keinen Platz mehr hatten. Am Morgen des Veranstaltungstages rückte der Staatsschutz an und durchsuchte unseren Theatersaal mit Sprengstoffhunden. Alle Winkel wurden durchleuchtet, Speisekarten umgedreht, Vorhänge entfernt sowie Stühle und Tische geprüft. Die Ankunft von Joachim Gauck, für den sich Martin, Urmel, Marcel und ich eigens in schwarze Anzüge geworfen hatten, wodurch wir seinem Begleitschutz zum Verwechseln ähnlich sahen, wurde flankiert von Bundespolizisten mit Maschinenpistolen. Es war surreal.

Gauck selbst aber war tiefenentspannt. Er kam gut gelaunt und ohne Krawatte, lächelte uns an und erklärte, dass er an dem Fürther Auftritt unbedingt festhalten wollte, weil er ausgerechnet für hier ein Treffen mit seiner ältesten Tochter Gesine ausgemacht hatte, die ihn noch nie zuvor hatte lesen sehen. Außerdem stammte seine Lebensgefährtin Daniela Schadt aus Nürnberg. Dann las er zweieinhalb Stunden aus seinem Buch und erzählte vom Leben als Stadtpfarrer in der DDR und seinem Herzensthema, der Freiheit. Die er nun aber wieder ein Stück weit abgeben musste.

»Es war ein schöner letzter Abend als freier Bürger Gauck«, sagte der künftige Bundespräsident zum Abschied, nachdem er geduldig Hunderte Bücher signiert und für Erinnerungsfotos posiert hatte. Und wir blieben beeindruckt zurück und staunten darüber, dass die *Comödie* gerade ein kleines bisschen deutsche Geschichte geschrieben hatte.

Eine Geschichte ganz anderer Art schrieb Ingrid Steeger bei uns – beziehungsweise die *BILD-Zeitung* über sie. Der Zufall wollte es, dass die *Klimbim*-Ulknudel just an ihrem Geburtstag bei uns gastierte. Weil Frau Steeger immer für eine Schlagzeile gut war, arrangierten wir eine kleine Geburtstagsfeier und sagten mit Ingrids Einverständnis der Lokalpresse Bescheid. Marcel ließ sogar eine opulente Torte anfertigen, die sie dann für die Fotografen anschneiden sollte. Offenbar war sie aber beim nachmittäglichen Einkaufsbummel durch die Fürther Innenstadt mit einem Mann aneinandergeraten, der sich über den Hund des 70er-Jahre-Stars beschwerte.

»Stellen Sie sich vor, dieser Flegel hat meine kleine Adelaide angegangen«, berichtete Ingrid aufgelöst, als sie mit ihrem strubbeligen Rauhaardackel bei uns ankam. »Aber sie hat sich das nicht gefallen lassen und ordentlich zurückgebellt.«

Just in dem Moment, in dem die Fotografen die Tortenübergabe bildlich festhalten wollten, kamen zwei Streifenbeamte zur Tür herein.

»Wir suchen eine blonde Dame mit einem Kampfhund«, sagte einer der beiden streng. »Das Tier soll vorhin einen Herrn in der Fußgängerzone angefallen haben. Uns liegt da eine Anzeige vor.«

Wir blickten uns verwirrt an. Adelaide war nicht nur kaum größer als ein Biber, sie sah auch so aus, als könnte sie keiner Fliege etwas zuleide tun. Von einem Kampfhund konnte jedenfalls nicht die Rede sein.

»Da muss eine Verwechslung vorliegen«, sagte ich, aber die Polizisten bestanden darauf, dass ein Zeuge Frauchen und Hund in die *Comödie* hatte gehen sehen.

Erst nach einigen Diskussionen stellten auch die Beamten fest, dass Adelaide allenfalls ein frecher Kläffer, aber alles andere als ein gefährliches Tier war und sich der Anzeigeerstatter wohl in etwas hineingesteigert hatte. Die schöne Torte und unsere geplante Geburtstagsfeier interessierten niemanden mehr. Am nächsten Tag stand in großen Buchstaben in der *BILD*, dass es wegen Ingrid Steegers Hund einen Polizeieinsatz in der *Comödie* gab. Immerhin hatten wir es mal wieder in diese Zeitung geschafft. Das war ja auch was.

Kurz nach unserem Einzug hatten sich derweil die politischen Gegebenheiten sowohl in Nürnberg als auch in Fürth schon wieder geändert. Nach nur einer Amtszeit mussten sowohl Ludwig Scholz als auch Wilhelm Wenning jeweils ihr Amtszimmer wieder räumen. Scholz ist dann nur drei Jahre später im Alter von gerade mal 68 an einem Herzinfarkt gestorben, was wir sehr bedauerten. Mit seiner Witwe Ute und der Familie Wenning blieben wir freundschaftlich verbunden, denn ihnen verdankten wir viel. Wennings Nachfolger Thomas Jung stellte sich jedoch schnell ebenfalls als Glücksfall für unseren Betrieb heraus. Er mochte die *Comödie* von Anfang an und erkannte, dass von einem gut laufenden Theater die ganze Stadt profitierte. Er und seine Frau Heike wurden Stammgäste, und als – nun mehr als zwei Jahrzehnte amtierendes – Stadtoberhaupt war und ist Thomas auch nie um einen Spaß verlegen. Zumindest in dieser Hinsicht konnten wir uns also nie beschweren, wo doch mittlerweile so viel über die Politik geschimpft wird. Wir hätten ohne das Wohlwollen der verantwortlichen Personen unser Haus nie so lange führen können. Einen öffentlichen Zuschuss wie die kommunalen oder staatlichen Theater aber erhielten wir dennoch nie, von den Corona-Hilfen mal abgesehen, die wir allerdings auch fast vollständig wieder an den Freistaat Bayern zurückerstatten mussten.

Als wir zusammen mit OB Jung im Jahr 2008 unser zehnjähriges Jubiläum feierten, konnten wir ihm und den anderen Gästen verkünden, dass Martin, Urmel, Marcel und ich den Kredit an die Sparkasse soeben abbezahlt hatten. Damit hatten wir tatsächlich geschafft, was von manch einem anfangs höchstens belächelt worden war. Wir vier aber hatten immer daran geglaubt, dass es möglich war, wenn wir nur zusammenhielten, hart arbeiteten – und nicht ablassen würden von unseren Träumen. Und das taten wir und tun wir noch immer, jeden einzelnen Tag, an dem wir durch die Tür des altehrwürdigen Berolzheimerianums treten, das zu unserer *Comödie* geworden ist. Die befindet sich heute, zumindest postalisch gesehen, nicht mehr in der Theresienstraße, sondern am Comödien-Platz 1. Das wiederum war das Geschenk von Thomas Jung zu unserem 20. Geburtstag – unser schönstes Präsent aller Zeiten, das nix gekostet hat.

## Martin Rassau

# Kultfiguren aus dem Kaffeehaus: Wie uns Waltraud und Mariechen ins Fernsehen verhalfen

Einen guten Teil unseres Erfolges verdanken wir zwei älteren, vorlauten und immer etwas zerstreuten Damen, die durch einen glücklichen Zufall in unser Leben geraten sind – und ohne die vieles in unserer Laufbahn sicherlich anders gekommen wäre. Unsere wundersame Bekanntschaft begann an einem kalten und regnerischen Nachmittag im Frühjahr 1992. Volker und ich saßen wie so oft im *Passagen-Café* schräg gegenüber dem *Mautkeller*. Dieses in einem Hausdurchgang versteckte, zweistöckige Lokal war eines jener klassischen Kaffeehäuser, wie man sie heute höchstens noch in Salzburg, Linz oder Wien findet – mit gedämpftem Licht, leiser Hintergrundmusik, einem üppigen Kronleuchter an der Decke und kleinen Lämpchen auf den Tischen. Es gab zahlreiche Torten und Kuchen, die man sich an einer Vitrine aussuchen konnte. Der Kaffee wurde in weißen Porzellankännchen serviert, und die Bedienungen trugen ein schwarzes Kostüm mit einer weißen Rüschenschürze. Die Luft roch nach süßem Parfüm, und es fühlte sich ein bisschen so an wie in einem Loriot-Sketch. Wir senkten den Altersdurchschnitt locker um einige Jahrzehnte – aber gerade deshalb liebten wir sowohl die Kalorienbomben als auch die Atmosphäre dort.

Gerade hatten wir unsere erste Prunksitzungs-Parodie *Nämberch wäis stinkt und lacht* erfolgreich hinter uns gebracht. Nun überlegten wir, welche Sketche sich für unsere *Nämber-*

*cher Alldoochsgschichdn* eignen könnten, die im Herbst als neues Stück auf dem Programm standen. Das *Passagen-Café* war vor allem an Schlechtwettertagen gut besucht, und während wir uns umsahen, bemerkten wir, dass an fast allen anderen Tischen kleinere Grüppchen deutlich in die Jahre gekommener Frauen saßen, aber kein einziger Mann. Die meisten der anwesenden Damen schienen ihre Kleidung in den immer gleichen Läden zu kaufen und auch zum selben Friseur zu gehen. Außerdem trugen sie zu den bunt gemusterten Kostümen, den altmodischen Perlenhalsketten und den beigefarbenen Halbschuhen gerne Hut – beziehungsweise Hütchen. Schon oft hatten wir unfreiwillig den Gesprächen zugehört, die sich meistens um ähnliche Themen drehten.

»Stellt euch vor, morgen muss ich schon wieder zur Magenspiegelung.«

»Beim Egon am Südfriedhof hab ich jetzt ein Dutzend Stiefmütterchen pflanzen lassen.«

»Ich vertrage diese Feuchtigkeit nicht. Ich hab schon wieder solche Kopfschmerzen.«

»Hat jemand schon den Krapfen probiert?«

»Das ist jetzt schon das dritte Mal, dass ich dort hingehe, aber der Herr Doktor findet einfach nichts. Vielleicht sollte ich mal einen anderen Arzt ausprobieren.«

»Mein Egon hat Stiefmütterchen immer sehr gemocht. Außerdem sind sie recht robust.«

»Es ist doch gar keine Karpfensaison mehr, im April.«

»Die ganze Woche Regen, das ist einfach nicht mehr normal.«

»Es ist bestimmt irgendein Geschwür. Ich krieg immer solches Sodbrennen, schon nach einem kleinen Stück Schwarzwälder Kirsch.«

»Keiner mal den Krapfen?«

»Über fünf Jahre ist es jetzt schon her, seit er gestorben ist. Könnt ihr euch das vorstellen?«

»Ich esse den immer nur von September bis Februar. Das ›r‹ muss am Ende des Monats sein, sonst schmeckt der nur nach Moos.«

»Hoffentlich ist es kein Krebs.«

»Mein armer Egon.«

In diesem Stil ging das stundenlang weiter. Die mutmaßlich verwitweten Freundinnen um uns herum unterhielten sich über alle Arten von Krankheiten, ihre längst verblichenen Männer, das unberechenbare Wetter, die neuesten Klatschgeschichten von Fürst Rainier oder Lady Diana sowie über die besten Rezepte für Rehragout, Haschee und Rindsgulasch. Vor allem aber redeten sie in schönster Weise aneinander vorbei.

»Das ist großartig«, sagte Volker irgendwann zu mir. »Da müsste man eigentlich was draus machen.«

»Da hast du recht«, sagte ich, und wir beschlossen, uns für unsere Alltagsgeschichten eine Nummer zu überlegen, in der wir diese absurd anmutenden Plaudereien aufs Korn nehmen konnten.

Um dabei besonders glaubwürdig rüberzukommen, war es natürlich erforderlich, nicht nur zu sprechen wie zwei betagte Witwen – sondern auch so auszusehen. In Ermangelung eines ausreichenden Fundus musste einmal mehr der *Quelle Bazar* herhalten, unsere bevorzugte Fundgrube für Bühnenklamotten aller Art. Wir investierten jeweils knapp fünf Mark inklusive zehn Prozent Sonderrabatt für besonders knallbunte Kleider, Volker organisierte sich darüber hinaus gar das jahrzehntealte Dirndl seiner Oma. Dazu kauften wir noch billige Handtaschen, graue Gesundheitsschuhe und jede Menge Modeschmuck. Außerdem besorgten wir uns zwei möglichst geschmacklose Hüte, die überhaupt nicht zum Rest der Kleidung passten. Als wir die Fummel zum ersten Mal anprobierten und uns jede Menge Schaumstoff und zusammengerollte Socken unter die Büstenhalter packten, mussten wir selbst lachen, so dämlich sah das aus. Obwohl wir damals erst Mitte zwanzig waren, wären wir mit unserem knallroten Lippenstift, den krausen Perücken und den blickdichten Strumpfhosen nicht nur im *Passagen-Café* locker als zwei senile 80-Jährige durchgegangen. Die Optik stimmte also schon mal. Nun brauchten wir nur noch die passenden Namen.

Ich kam recht schnell auf »Waltraud«, weil ich bei meiner Figur an meine frühere Schreibmaschinenlehrerin Waltraud Fröbe denken musste – eine so nette wie altmodische Frau, die angeblich über drei Ecken mit dem großen Schauspieler Gert Fröbe verwandt war und im Vergleich zum restlichen Kollegium immer etwas aus der Zeit gefallen wirkte. Und beim Nachnamen entschied ich mich für »Lehneis«, so hieß meine Stiefgroßmutter. Volker hingegen nahm Anleihe bei einer lieben Besucherin namens Marie Werner, die uns seit dem ersten Tag im *Mautkeller* begleitete und von ihren Freundinnen immer »Mariechen« gerufen wurde – was uns bei einer etwas älteren Dame recht witzig vorkam. Dazu sollte sie noch »Bezold« heißen wie seine Oma mütterlicherseits, die einen Stock über Familie Heißmann wohnte, schon sehr vergesslich war und die Volker und mich stets verwechselte, wenn sie mal wieder bei uns im Büro anrief. Nun war alles perfekt. Waltraud und Mariechen konnten loslegen.

Schon beim allerersten Mal, an dem wir unsere beiden Witwen im *Mautkeller* aufführten, bemerkten wir an der Reaktion der Gäste, dass die zwei das Zeug zu Publikumslieblingen hatten. Da die Verkleidung recht umständlich war, konnte zunächst stets nur einer von uns vor den Vorhang treten, bis dann der andere so weit war, sich ebenfalls umgezogen hatte und dazukam. Damit wir den Sketch wenigstens gemeinsam beenden konnten, spielten wir ihn entweder vor der Pause oder ganz zum Schluss, was die Beliebtheit nur noch zu steigern schien, weil Waltraud und Mariechen auf diese Weise offenbar länger im Gedächtnis blieben. Jedenfalls schmissen sich die Leute weg vor Lachen, als sie uns zwei Kerls als tattrige Rentnerinnen sahen. Wir mussten anfangs nur lernen, uns zumindest halbwegs ladylike zu verhalten und nicht breitbeinig auf dem Stuhl zu sitzen, um keine ungewollten Einblicke zu gewähren, aber auch das wurde mit der Zeit.

Für den richtigen Rahmen unserer den realen Begebenheiten im *Passagen-Café* nachempfundenen Szene hatten wir einen kleinen Tisch und zwei verschnörkelte Stühle auf die Bühne gestellt. Das Problem war nur, dass ausgerechnet ich während des Sketches zwei Stück Torte essen musste, die ich jeden Tag frisch im benachbarten Kaufhof an der Kuchentheke kaufte. Am Anfang machte ich mir keine Gedanken darüber und freute mich sogar auf den ungewohnten Imbiss am Abend, doch nach ungefähr zehn oder zwölf Shows hingen mir Käsesahne, Donauwelle oder Sacher langsam zum Hals heraus – von den Auswirkungen auf meine Figur ganz zu schweigen. Also stieg ich auf Obstkuchen um, doch auch auf den verging mir im Laufe unserer Revue irgendwann der Appetit. Auf die Idee, die Stücke einfach zu halbieren, kam ich leider nicht, und deshalb war ich ganz froh, dass nach dem Ende der *Nämbercher Alldoochsgschichdn* Waltraud und Mariechen wieder aus unserem Repertoire verschwanden: In unseren nächsten Programmen im *Mautkeller* und auch im Stadtpark kamen sie nicht mehr vor. Hin und wieder wurden wir zwar auf sie angesprochen, aber wir hatten keine großen Ambitionen, die Figuren wiederzubeleben. Bis es zu einer beinahe schicksalhaften Begegnung einige Jahre später kam.

Der Zufall wollte es, dass wir im Herbst 1996 wieder einmal in der Fürther *Kartoffel* bei Heidi Sänger auftreten sollten, wo wir in den letzten Jahren schon so oft bei zahlreichen privaten Feiern gebucht worden waren. Heidis Lebensgefährte

Günther Heller half oft mit, wenn das angesagte Lokal mal wieder aus allen Nähten platzte, so auch an diesem Abend. Hauptberuflich aber arbeitete Günther, dessen charakteristische Markenzeichen karierte Sakkos, schlohweißes und schulterlanges Haar sowie eine dicke dunkle Brille waren, beim *Bayerischen Rundfunk* – genauer gesagt im *BR*-Studio Franken, für das er regelmäßig interessante Beiträge aus dem gesamten Großraum Nürnberg drehte, die dann in der *Frankenschau* ausgestrahlt und von Hunderttausenden Fernsehzuschauern gesehen wurden. Er hatte uns einmal mehr bei unserem Auftritt beobachtet und nahm uns anschließend beiseite.

»Ihr macht das doch ständig und überall. Da könnten wir doch mal eine kleine Reportage drüber drehen, oder?«

Volker und ich sahen uns an und wussten nicht recht, was Günther von uns wollte. Natürlich hatten wir oft derlei Engagements, aber was so spannend sein sollte, wenn wir außerhalb unseres Theaters im Stadtpark bei einem Firmenjubiläum oder einem runden Geburtstag spielten, erschloss sich uns nicht so recht.

»Mensch, ihr seid wirklich lustig. Und außerdem finde ich es echt kurios, wie ihr zu den Auftritten kommt mit all euren Kostümen und dem anderen Zeug – und wie ihr euch dann umzieht in irgendwelchen kleinen Garderoben und engen Hinterzimmern. Das gibt super Bilder, glaubt's mir. Ich rede mal mit meinem Chef«, erklärte Günther Heller noch und versprach, sich in den kommenden Tagen bei uns zu melden.

Kurze Zeit später rief er uns dann an und fragte nach unserem nächsten Engagement. Wir waren für das darauffolgende Wochenende im Fürther Vorort Sack gebucht worden, wo wir im Nebenzimmer des *Gasthof Kirchberger* die Jahresfeier der Freiwilligen Feuerwehr auflockern sollten. Erfahrungsgemäß waren solche Festivitäten zwar eine mühsame Angelegenheit, was die räumliche Umgebung betraf. Die

Stimmung aber war meistens nicht nur, aber auch wegen des nicht immer ganz homöopathischen Alkoholpegels in der Regel höchst ausgelassen. Wir stimmten zu, und an besagtem Abend wurden wir zum ersten Mal in unserem Leben von einem Kamerateam des *BR* begleitet, das von Günther als verantwortlichem Redakteur geleitet wurde.

Nachdem wir beim Ausladen unserer Koffer, der Spanischen Wand und der obligatorischen Barhocker ebenso gefilmt worden waren wie beim Umziehen in einer vollgestopften Abstellkammer des Wirtshauses, traten wir auf. Volker und ich ersparten uns mögliche Wortwitze über den Ortsnamen, denn die armen Bewohner von Sack hatten sicherlich alle entsprechenden Varianten schon mindestens hundert Mal gehört. Was wir uns aber nicht verkneifen konnten, war eine Spitze über die Verlässlichkeit der Feuerwehrleute: Wir wurden nämlich sowohl auf dem Plakat als auch vom Vorsitzenden als »Volker Heissmann und Walter Rausau« angekündigt.

»Also wenn's in der Bucher Straße 17 brennt, dann löscht ihr auf der 12, oder?«, begannen wir unsere Nummer, und der Raum tobte. Wir zogen den Kommandanten immer wieder auf, gaben unsere guten alten Kaltengrubers und trafen auch mit unseren restlichen Gags zum Glück ins Schwarze. Am Ende gab's Standing Ovations, und Günther blickte uns siegessicher an.

»Ich hab's euch doch gesagt. Der Beitrag wird super.«

Offensichtlich war sein Vorgesetzter Manfred Boos ebenfalls ganz angetan vom Material, das sein Mitarbeiter aus Sack mitgebracht hatte, denn in der folgenden Woche wurde der mehrere Minuten lange Bericht über uns tatsächlich in der *Frankenschau* ausgestrahlt. Der Name Boos war uns natürlich ein Begriff. Der Mann galt als Urgestein des lokalen Fernsehens und war schon seit Mitte der 70er-Jahre für die Geschicke des *BR* in Nürnberg zuständig. Ende der 80er hatte er außerdem gemeinsam mit dem Fastnachtsverband Franken e. V. ein Format erfunden, für das er am Anfang belächelt wurde, das sich aber in den letzten Jahren eine immer weiter wachsende Stammzuschauerschaft aufbauen konnte: die *Fastnacht in Franken*. Diese TV-Prunksitzung, die ursprünglich im oberfränkischen Lichtenfels, später dann in Veitshöchheim stattfand und zunächst von der *BR*-Zentrale aus München betreut wurde, kannten wir zwar, hatten ihr aber keine große Beachtung geschenkt: Mit dem Fasching hatten wir es schließlich nicht so, was ja auch in unserer alljährlichen Verhohnepipelung *Nämberch wäi's stinkt und lacht* zum Ausdruck kam. Das sollte sich aber bald darauf für immer ändern.

Anfang 1997, wenige Wochen nach der Ausstrahlung seiner kleinen Reportage über uns, rief Günther Heller erneut an.

»Stellt euch vor: Der Bernd Händel hat kurzfristig für die nächste Fastnachts-Sendung abgesagt, und weil euch der Boos in meinem Beitrag neulich so gut fand, haben wir überlegt, ob ihr nicht für ihn einspringen könntet. Habt ihr was? Es müsste aber schnell gehen, wir proben schon nächste Woche.«

Wir waren erst mal perplex.

»Na ja, für eine Karnevalssitzung haben wir eigentlich nichts«, sagte Volker. »Aber wir beratschlagen uns mal.«

Daraufhin steckten wir die Köpfe zusammen und überlegten, ob wir für die Sendung zusagen sollten, und wenn ja, mit welcher Nummer. Eigentlich waren wir mit unserem Humor die falschen Protagonisten für eine solch »offizielle« Faschings-Gala. Andererseits wäre ein Auftritt natürlich auch eine große Chance, denn obwohl Veitshöchheim damals noch nicht diesen enormen Kult-Charakter besaß wie heute, sahen dennoch jedes Mal eine Menge Menschen aus ganz Bayern zu. Und wir hatten erst anhand der *Frankenschau* gemerkt, was es doch ausmachte, wenn man mal in der Glotze zu sehen war: In den Tagen danach stand unser Kartentelefon kaum noch still, und unsere *Weihnachtsrevue* war nahezu komplett ausverkauft. Folglich beschlossen wir nach einigem Hin und Her, Günther zuzusagen.

»Klasse, das freut mich sehr. Und was wollt ihr machen?«, fragte er uns.

»Wir haben da einen abgefahrenen Sketch, den wir vor ein paar Jahren mal im *Mautkeller* aufgeführt haben«, erklärten wir ihm. »Da spielen wir zwei alte Witwen, die immer aneinander vorbeireden.«

»Oh Gott, bitte nicht«, antwortete Günther, und wir hörten schon durch die Leitung, dass er noch blasser wurde, als er eh schon war. »Ihr könnt auf keinen Fall irgendwas mit Travestie machen. Da dreht der *BR* am Rad – und der Fastnachtsverband auch!«

»Keine Sorge«, sagte Volker zu ihm. »Das hat mit Travestie gar nichts zu tun.«

»Gott sei Dank!« Günther atmete tief durch.

»Das ist viel schlimmer.«

Der *BR* verlangte, dass wir den Text, mit dem wir auftreten wollten, zuvor schriftlich einreichten. Da sich Volker aber nach wie vor beharrlich weigerte, sich auf der Bühne an zuvor festgelegte Vorlagen zu halten, hatten wir natürlich nichts, was wir der Redaktion vorlegen konnten. Deshalb versuchten wir, irgendwie die alte Geschichte zu rekonstruieren, die wir uns seinerzeit für Waltraud und Mariechen überlegt hatten. Frau Fröbe sei Dank, tippte ich das notdürftig zusammengeschusterte Skript auf meiner alten Schreibmaschine sauber herunter und schickte unser kleines Witwen-Kaffeekränzchen per Fax an die Verantwortlichen. Wir waren gespannt, ob man uns wirklich nehmen würde: Im Vergleich zu den anderen Künstlern, deren Darbietungen monatelang akribisch geplant waren, war unser Brett, das wir in Veitshöchheim bohren wollten, deutlich dünner.

»Passt. Ihr bekommt acht Minuten«, teilte uns Günther überraschenderweise wenig später lapidar mit. »Macht was draus. Morgen geht's los. Das ist eure Chance.«

»Glaub ich nicht«, sagte ich – und Volker stimmte mir zu. Aber schaden konnte die Sache vermutlich auch nicht, wenn wir den Auftritt nicht völlig in den Sand setzten.

Am nächsten Tag standen wir gut 120 Kilometer von Fürth entfernt in Veitshöchheim inmitten der nahezu leeren Halle, in der an allen Ecken und Enden gebohrt, gehämmert und geschraubt wurde. Auch wenn ich es von früher und der Arbeit mit meinem Ensemble noch immer gewohnt war, war es im Grunde genommen das erste Mal, dass wir einen gemeinsamen Auftritt proben mussten. Leider merkten dies die anwesenden *BR*-Mitarbeiter auch recht schnell. Wir leierten unseren auswendig gelernten Text uninspiriert herunter, und nicht nur der arme Günther Heller, sondern auch Manfred Boos, Sitzungspräsident Detlef Wagenthaler und die anderen Anwesenden hätten vermutlich gerne entweder fluchtartig die Mainfrankensäle verlassen oder uns noch lieber hochkant rausgeschmissen. Einen Ersatz für den Ersatz hätte der Sender allerdings wahrscheinlich auf die Schnelle nicht mehr gefunden, also durften wir bleiben – obwohl vor allem Wagenthaler seine Probleme mit uns hatte. Er hatte im Vorfeld von unserem Anti-Faschings-Programm gehört und fühlte sich in seiner Rolle nicht ernst genommen. Aber schlussendlich hatte auch er keine Alternative parat, eine eventuelle Lücke im minutiös geplanten Ablauf zu füllen.

Am Donnerstag, einen Tag vor der Live-Sendung, fand die Generalprobe statt, zu der auch damals schon Publikum zugelassen war. Die Stimmung im Saal war ausgelassen, und wie auf Knopfdruck waren wir beide ebenfalls viel lockerer. Wir spielten unseren Part so, wie wir es aus dem Stadtpark gewohnt waren: Wir versuchten, einige Zuschauer mit einzubinden, scherzten mit der Band und improvisierten, wo es nur ging. Angespornt durch die ersten lachenden Gesichter wurden wir immer besser. Am Ende unserer acht Minuten standen die Menschen auf und klatschten begeistert. Volker alias Mariechen sah mich an, und ich strahlte als Waltraud zurück. Wenn wir morgen genauso ablieferten, hatten wir uns zumindest nicht blamiert.

Am Freitagabend ging uns dann allerdings doch die Düse. Wir hatten hinter der Bühne mitbekommen, dass Ministerpräsident Edmund Stoiber in der Halle war. Er galt als notorischer Faschingsmuffel und hatte sich nach seinem Amtsantritt vier Jahre zuvor zunächst beharrlich geweigert, nach Veitshöchheim zu kommen. Als aber auch er merkte, wie viele Zuschauer die *Fastnacht in Franken* inzwischen erreichte, zog er widerwillig einen Smoking an, kam mit seiner Frau Karin nach Unterfranken und machte gute Miene zum in seinen Augen bösen Spiel. Deutlich entspannter waren Bundespostminister Wolfgang Bötsch, Bayerns SPD-Chefin Renate Schmidt, die bayerische Gesundheitsministerin Barbara Stamm und der uns wohlbekannte Innenminister Günther Beckstein, die ebenfalls zu den Ehrengästen gehörten.

Als ich in meinem lila Kleid grazil wie die junge Hildegard Knef zu den Klängen der Big Band auf die Bühne wackelte und mich an unseren lieb gewonnenen Kaffeehaustisch setzte, blickten mich nicht nur Stoiber und Co., sondern auch viele andere Leute in den ersten Reihen ungläubig an, weil sie nicht wussten, was die Bohnenstange im Damenkostüm nun vorhatte.

»Ach Gottla, die Abordn warn auch scho mal sauberer«, war der erste Satz, den ich beziehungsweise Waltraud auf dieser Bühne jemals in eine Kamera sagte. »Wo nerblous des Mariechen wieder bleibt. Seit drei Johr treffen mir uns jeden Mittwoch do herin in dem Café. Nerblous Mittwoch, weil dou ka Doktor offen hat ...«

Dafür gab's einen ordentlichen Lacher, der mich schon mal enorm beruhigte. Nach rund einer Minute hatte ich bereits mein erstes Stück Torte im Magen, und Volker kam dazu, der sich ebenfalls in einen violettfarbenen Fummel geworfen hatte. Wir alberten uns durch unsere etwas aufgearbeitete alte Nummer, sprachen über Altersdiabetes, unsere verstorbenen Ehemänner und griechisches Essen, bis Volker so tat, als hätte er sich verschluckt. Dann holte er aus seinem Handtäschchen eine Serviette, in der er ein Gebiss versteckt hatte.

»Hast du a weng a Haftcreme dabei?«, nuschelte er zu mir herüber, und selbst ich musste aufpassen, keinen Lachanfall zu bekommen. Er stellte sich die falschen Zähne hochkant zwischen die Lippen, blickte ins Publikum wie ein Nilpferd vor der Fütterung, zückte erneut die Serviette und gab schließlich vor, sich die Dritten zurück in den Mund gesteckt zu haben, die aber stattdessen natürlich unauffällig in der Tasche verschwanden.

»Su a Gebiss is fei praktisch, vor allem an Weihnachten. Zum Budderzeug ausstechen ...«, erklärte Mariechen trocken, und der Saal explodierte fast.

Aus den Augenwinkeln konnte ich beobachten, wie sich selbst zuvor eher skeptisch dreinblickende Besucher die Tränen aus dem Gesicht wischten. In diesem Moment wusste ich, dass Günther zumindest keinen Ärger bekommen würde, weil er uns für die Sendung vorgeschlagen hatte. Am Ende hatten wir sogar zwölf statt der ursprünglich vereinbarten acht Minuten auftreten dürfen, und hinterher ernteten wir eine Menge Lob. Vor allem Barbara Stamm war auch eine Stunde danach noch immer aus dem Häuschen.

»Das habt ihr richtig klasse gemacht. Ich krieg mich gar nicht mehr ein«, strahlte sie uns an – und obwohl wir altersmäßig im Prinzip ihre Söhne hätten sein können, stimmte die Chemie zwischen uns aus unerfindlichen Gründen sofort.

»Vielen Dank, Frau Ministerin«, sagte ich artig, nur um kurz darauf gleich zurechtgewiesen zu werden.

»Ich bin die Barbara«, lachte sie. »Macht bloß kein Geschiss um mich.«

Wir konnten das logischerweise nicht wissen, aber dieser Moment war der Beginn einer außergewöhnlichen Freundschaft – sie bescherte uns viele schöne gemeinsame Erlebnisse, die weit über berufliche Begegnungen hinausgingen. Später wurde sie, oft mit ihrer Tochter Elisabeth, im wahrsten Sinne des Wortes ein Stammgast in unserer *Comödie* oder begleitete uns auf Reisen etwa nach Wien, und sowohl als Privatperson wie auch als Politikerin hat sie unsere gesamte weitere Laufbahn immer mit viel Begeisterung und größtem Wohlwollen begleitet. Als wir und die anderen Beteiligten sie 2019 von der Fastnachtsbühne verabschiedeten und Volker das Lied »Aber dich gibt's nur einmal für mich!« sang, bekam die gesamte Halle Gänsehaut. Ihr Tod dreieinhalb Jahre später hat uns hart getroffen, und wir denken noch immer oft an sie und ihr ansteckendes Lachen. Vor allem, wenn es wieder auf Veitshöchheim zugeht, wo wir – wenn man uns lässt – in ein paar Jahren auch schon unser 30-jähriges Jubiläum feiern dürfen.

Dass es so kommen würde, war 1997 freilich nicht abzusehen, und selbst unmittelbar nach der Ausstrahlung glaubten wir nicht, dass uns dieser Fernsehabend in irgendeiner Form weiterbringen würde. Erst als wir am Samstag zurück in Fürth waren, dämmerte uns langsam, welche Strahlkraft die Sendung auch damals schon hatte. Überall, wo wir auftauchten, klopften uns die Leute auf die Schultern und berichteten davon, wie sehr sie sich bei Waltraud und Mariechen amüsiert hatten. Spätestens als Volker an der Ampel von einer älteren Dame beiseitegenommen wurde und sie ihm augenzwinkernd verriet, dass sie ihre Plätzchen ebenfalls mithilfe ihres Gebisses ausstach, war klar: Das Ding war eine große

Nummer. Und die Redaktion signalisierte uns, dass wir im folgenden Jahr wieder dabei sein durften.

Künstlerisch allerdings hatten wir selbst da noch unterschätzt, welches Potenzial unsere beiden Witwen besaßen. Für uns waren sie ein einzelner Sketch und nicht mehr. Deshalb beschlossen wir auch, zur Fastnacht 1998 mit einer anderen Nummer aufzutreten. Die funktionierte zwar auch, und sogar Detlef Wagenthaler war mittlerweile der Meinung, dass dieses junge Fürther Spaßmacher-Duo dem zu dieser Zeit manchmal etwas angestaubten Format guttat. Aber trotz des freundlichen Applauses wurden wir in der Folge immer wieder auf das Fehlen von Waltraud und Mariechen angesprochen, sodass wir uns eines Tages entschlossen, sie entgegen unseren Plänen fest in unsere Programme aufzunehmen und sie auch im Fasching immer wieder auftreten zu lassen – allerdings nicht jedes Mal. So ist es bis heute, auch wenn sie in unserem Repertoire nicht mehr den großen Raum einnehmen, den sie vor zehn oder zwanzig Jahren hatten. Ganz weglassen aber können wir sie kaum, und vermutlich werden wir sie so lange spielen, bis wir irgendwann selbst nicht mehr in die Strumpfhosen hineinkommen.

Volker und ich haben oft überlegt, warum ausgerechnet diese beiden Figuren so beliebt waren und sind. Wahrscheinlich liegt ihr anhaltender Erfolg daran, dass es in fast jeder Familie eine schnippische Waltraud oder ein etwas seniles Mariechen gibt – die Mutter, Schwiegermutter, Oma oder Uroma, die man eigentlich sehr gern hat. Die einem aber manchmal auf den Wecker geht mit ihrem Gschmarri und den Geschichten über ihre manchmal mehr, meist aber weniger schlimmen körperlichen Gebrechen, von denen sie allen Anwesenden ungefragt andauernd erzählt. Wenn wir heute die ausgestopften Büstenhalter und die typischen Kleider anziehen, die Perücken überstreifen und die Ohrringe anklipsen, dann kommt es uns einigermaßen skurril vor, dass wir damals als junge Männer alte Frauen gespielt haben, die im Gegensatz zu uns aber seitdem nicht wirklich gealtert sind – eher im Gegenteil: So mussten wir das anfangs auf 1928 fiktiv festgelegte Geburtsdatum um ein Jahrzehnt nach hinten verschieben. Klar haben wir die Charaktere und ihr Auftreten im Laufe der Jahre weiterentwickelt, und wenn wir heute Aufnahmen aus den Anfangstagen sehen, könnten wir im Boden versinken, so unbeholfen wirkt manche Bewegung auf der Bühne. Aber seltsam ist es schon, dass wir uns altersmäßig den beiden immer weiter annähern. Manchmal auch erschreckend.

2006 befanden sich Waltraud und Mariechen auf dem Gipfel ihrer Popularität: Sie schafften es als Nachfolgerinnen des »Hias« als komödiantische Sidekicks in den *Musikantenstadl*, der nach dem Abschied von Karl Moik neuerdings von Sänger Andy Borg moderiert wurde. Die Show wurde von der *ARD* gemeinsam mit dem österreichischen *ORF* sowie dem Schweizer *DRS* produziert, und weil der *BR* für das deutsche Fernsehen federführend agierte, bekamen wir eines Tages einen Anruf von Thomas Jansing, der seinerzeit Unterhaltungschef des Senders war. Jansing hatte Ende 1997 seinen Dienst angetreten – just in dem Jahr, in dem wir das erste Mal in Veitshöchheim auftreten durften. Von daher hatte er uns immer freundlich begleitet und als Künstler glücklicherweise regelmäßig auf dem Schirm.

»Ihr kennt doch den *Stadl*«, sagte er am Telefon. »Habt ihr Lust auf eine komödiantische Rolle?«

Das hatten wir natürlich, auch wenn wir uns die Musik, die dort gespielt wurde, privat eher nicht in den CD-Player legen würden. Der *Musikantenstadl* erreichte jedoch regelmäßig mehr als 5 Millionen Menschen im gesamten deutschsprachigen Raum. Eine solche Gelegenheit durften wir nicht verstreichen lassen.

»Es gibt sechs Live-Sendungen im Jahr«, erklärte uns Jansing. »Wenn ihr von der Produktion eingeplant seid, müsst ihr aber auch kommen. Sonst sind die sauer und nehmen euch ganz schnell wieder raus.«

Wir stimmten zu, unterschrieben kurz darauf den Vertrag – und bemerkten erst später, dass sich das Ganze leichter gesagt hatte, als es in unserem künstlerischen Alltag umgesetzt werden konnte: Der *Stadl* fand an wechselnden Orten in Deutschland, Österreich und der Schweiz statt. Und wie bei solch großen Produktionen des öffentlich-rechtlichen Fernsehens üblich, konnten wir nicht einfach ein paar Stunden vor dem Auftritt in die Halle kommen, eine kleine Tonprobe absolvieren und dann in unserer Garderobe auf den Einsatz warten, wie wir es von unserer sonstigen Arbeit gewohnt waren. Stattdessen mussten wir teils mehrere Tage vorab vor Ort sein, jede einzelne Kameraeinstellung simulieren, mit und ohne Playback üben und ansonsten eine Menge Zeit totschlagen, die wir anderweitig nicht nutzen konnten. An Auftritte war in den *Stadl*-Wochen also nicht zu denken, was unsere Terminpläne immer wieder sprengte und die armen Damen im Büro öfter zur Verzweiflung brachte.

Da wir erst im Juni erfuhren, wann genau die restlichen Sendungen dieses Jahres mit uns stattfinden sollten, ließ sich an manchen Planungen aber nichts mehr ändern. Für Ende Dezember hatten wir bereits von langer Hand eine eigene mehrtägige Zirkusshow in der Nürnberger Arena geplant, die am Silvesterabend ihren Höhepunkt haben sollte. *Ron Doldi* hieß unser abenteuerliches Großprojekt, für das wir uns aber nicht nur eine Menge lustige Nummern überlegt hatten. Wir wollten auch durch entsprechende Tiere eine würdige Zirkusatmosphäre erzeugen. Dazu hatten wir mit René Caselly senior sowie Rüdiger Probst zwei echte Zirkus-Urgesteine mit an Bord. Caselly brachte neben seinem kleinen Sohn

René junior – der 16 Jahre später die RTL-Tanzshow *Let's Dance* gewinnen sollte – einen seiner berühmten Elefanten mit nach Nürnberg, Probst rückte dafür mit einem Sibirischen Tiger an; dazu hatten wir noch eine Artistentruppe aus der Ukraine und etliche andere Gastkünstler engagiert. Der Aufwand, den wir für *Ron Doldi* betrieben, war gewaltig, weshalb sich eine Vorstellung nicht wegen eines nur wenige Minuten kurzen Gastspiels im *Silvesterstadl* verschieben oder gar absagen ließ. Der wiederum fand in Innsbruck statt, und genau für den waren wir eingeplant.

»Wenn wir ausgerechnet diesen *Stadl* absagen, sind wir draußen, bevor es richtig angefangen hat«, sagte ich zu Volker. »Irgendwie müssen wir das hinbekommen.«

»Und wie soll das gehen?«, fragte er. »Mit dem Zirkus sind wir nicht vor 21.00 Uhr fertig. Und die Sendung fängt um 20.15 Uhr an. Da brauchen wir nicht mehr nach Innsbruck fahren.«

»Mit dem Flieger würde es gehen«, dachte ich laut nach. »Es darf halt nichts dazwischenkommen.«

Nach einigen Überlegungen und schwindelerregenden Kostenvoranschlägen für die Buchung eines Learjets, die wir selbst bezahlen mussten, entschieden wir uns dazu, es zu versuchen. Wir vereinbarten eine Live-Schalte zu Andy Borg aus der Arena, in der er uns kurz nach Sendungsbeginn fragen konnte, wo wir denn blieben. Sobald der Vorhang bei *Ron Doldi* gefallen war, würden wir dann zum Nürnberger Airport fahren, in die Tiroler Landeshauptstadt düsen, von deren Flugplatz aus wir wiederum zur dortigen Olympiahalle chauffiert werden konnten. Was nun folgte, war ein organisatorischer Wahnsinn: Wir mussten einen Flieger samt Piloten mieten, die Polizei überreden, uns zum Flughafen zu eskortieren, bei der österreichischen Luftaufsicht eine Sondergenehmigung einholen, um in Innsbruck nach 22.00 Uhr überhaupt landen zu dürfen, die Abfahrtszeiten der Fahrdienste koordinieren und so weiter.

Was sich in der Theorie schon entsetzlich anhörte, war in der Praxis noch schlimmer. Als wir am Abend des 31. Dezember aus der Arena noch während des Schlussapplauses zu unserem schon mit laufendem Motor wartenden Wagen hinter der Halle rannten, schwante uns schon, dass das alles nicht unsere beste Idee gewesen war. Vollkommen verschwitzt saßen wir 25 Minuten später im Flieger, schlangen ein paar Erdnüsse in uns hinein, stiegen kurz vor 22.00 Uhr in Innsbruck wieder aus und hetzten vom Rollfeld zum nächsten Auto. Um exakt 22.05 Uhr betraten wir die Katakomben der Olympiahalle und wären fast umgefallen vor Erschöpfung. Aber es hatte geklappt. Schnell zogen wir uns als Waltraud und Mariechen an, absolvierten mit letzten Kräften unseren Auftritt, stießen mit den anderen Beteiligten für die Kameras aufs neue Jahr an und fuhren noch in derselben Nacht nach Hause nach Fürth. Dort wollten wir unbedingt noch den Auftakt ins 1000-jährige Stadtjubiläumsjahr mitbekommen, das 2007 vor uns lag. Doch als wir gegen 3 Uhr früh dort ankamen, hatten die anderen Fürther schon alles ausgesoffen. Wir fielen kurz vor 4 Uhr ins Bett und schworen uns, so etwas nie wieder zu machen.

Quasi als Gegenleistung für derartige Stressmomente wurden wir – beziehungsweise Waltraud und Mariechen – auch in Österreich, der Schweiz und Südtirol populär, was uns seitdem auch immer wieder dorthin führte und was wir immer sehr genießen. Außerdem lernten wir hinter den *Stadl*-Kulissen viele große Stars kennen. Mit Peter Kraus, Milva, Roger Whittaker, André Rieu, Howard Carpendale, David Hasselhoff oder Pierre Brice hätten wir jedenfalls ansonsten wohl kaum Zeit verbracht. Interessante Begegnungen wie diese machten manche Reisestrapazen wieder wett – vor allem, weil sich die allermeisten Berühmtheiten als unkomplizierte Zeitgenossen herausstellten, mit denen sich auch mal abends an der Hotelbar ein Absacker trinken ließ. Andy Borg war ebenfalls immer für einen Spaß zu haben, obwohl er uns anfangs skeptisch beäugte, weil er als Moik-Nachfolger seine Aufgabe humorvoller auslegte, als es sein Vorgänger gemacht hatte, und deshalb zunächst etwas argwöhnisch auf uns Komödianten blickte. Das gab sich aber schnell, und wir haben bis heute guten Kontakt. Ein anderer freundlicher und zu dieser Zeit sehr junger Mann aber ist uns nachhaltig im Gedächtnis geblieben, weil er so unglaublich aufgeregt war.

Während der Frühjahrsfolge vom April 2009 wurde uns anderen Teilnehmern von der Redaktion ein 24-jähriger Nachwuchsmusiker angekündigt, der offenbar gerade mitten im Jurastudium steckte und bislang nur hobbymäßig Lieder aufgenommen hatte. Der sympathische Bursche, der mit der Referenz eines gelungenen Auftritts beim steirischen Landesbauernball anreiste, steckte in einer dunklen Lederhose, trug ein dazu eigentlich überhaupt nicht passendes weißes Anzughemd sowie einen grauen Schal um den Hals und tigerte hinter der Bühne auf und ab.

»Servus. Bist ein bissl nervös, oder?«, sagte Volker zu ihm, nachdem wir uns das bemitleidenswerte Schauspiel mehrere Minuten angesehen hatten.

»Schon«, sagte der nette Typ und musste schmunzeln, als er auf unsere Kostüme blickte. »Ihr seid's schon länger dabei, oder? Bei mir ist's heut' mein erstes Mal im Fernsehen überhaupt.«

»Mach dir nix draus. Du gehst da einfach raus und vergisst die Kameras. Das wird schon, wirst sehen«, machte Volker ihm Mut. »Toi, toi, toi. Dein Titel ist doch spitze!«

Wenige Sekunden später sagte ihn Andy Borg dann auch schon an:

»Der nun folgende Künstler hat sein Lied selbst getextet und komponiert. Ein Lied, das ihm aus dem Herzen spricht. Es heißt ›So liab hob' i di‹. Begrüßen Sie bitte erstmals: Andreas Gabalier.«

Nun, der Rest ist Geschichte. Andreas trat auf die Bühne, setzte sich mit seinem Handmikrofon auf einen Hocker, schien von einem Augenblick auf den anderen die Aufregung gegen eine beinahe unglaubliche Dosis Gefühl und Charisma eingetauscht zu haben und eroberte von da an in den kommenden Jahren als »Volks-Rock'n'Roller« halb Europa. Wir sind ihm anschließend noch einige Male über den Weg gelaufen, und jedes Mal erinnerte er sich lachend an jene Begegnung, die er einst vor seinem TV-Debüt mit Waltraud und Mariechen hatte.

Sie blieben schließlich bis 2015 Bestandteil des *Stadl*, und parallel dazu erhielten sie mit der *Tortenschlacht* sogar eine eigene Talkshow im *Bayerischen Fernsehen*. Das Konzept sah vor, dass Waltraud und Mariechen in jeder Ausgabe bei Kaffee und Kuchen drei prominente Gäste interviewen sollten, außerdem wurden dazwischen originelle Spielchen eingestreut. Wir fanden die Idee des *Bayerischen Rundfunks* klasse, weil wir natürlich in unseren Rollen zu den anderen Anwesenden ein bisschen frecher sein konnten, als wir es in Zivil gewesen wären. Allerdings war es zumindest anfangs schwieriger als gedacht, bekannte Persönlichkeiten für das Format zu gewinnen: Die meisten, die von der Redaktion angefragt wurden, hatten vermutlich Angst, dass sie von den beiden seltsamen Vögeln, die da in knallbunten Altweiberklamotten steckten, allzu sehr veralbert wurden. Das aber war unbegründet, denn zu unserem Humorverständnis gehörte es schon immer, vorwiegend über uns selbst zu lachen und uns nicht über andere lustig zu machen. Es musste sich jedoch erst herumsprechen, dass niemand vor Waltraud und Mariechen Angst haben musste.

Nach und nach gelang es den Verantwortlichen, wirklich tolle Gesprächspartner für uns einzuladen: Peter Kraus, Katerina Jacob, Tine Wittler, Matthias Steiner, Alfons Schuhbeck, Christine Neubauer, Désirée Nick, Mirja Boes, Lisa Fitz, Maren Gilzer, Sonya Kraus, Vince Ebert, Bernd Stelter, Katrin Müller-Hohenstein, Sarah Wiener, die Ehrlich Brothers und viele mehr stellten sich unseren Fragen und hatten dabei sichtlich Vergnügen. Schauspiel-Legende Elke Sommer etwa feierte bei uns einen ihrer letzten Fernsehauftritte, bevor sie sich endgültig ins Privatleben zurückzog. Sie sprach unverblümt über Sex im Alter – und philosophierte über die fränkische »Brunzruum«, eine Art süßen Rettich, von dem nicht einmal wir bis dato etwas gehört hatten. Am Ende widmete die Hollywood-Diva diesem skurrilen Gemüse sogar ein Lied, das sie mit Tränen in den Augen zusammen mit der Gruppe Viva Voce sang.

Erika Berger, die mit ihrer Sendung *Eine Chance für die Liebe* in den 90ern TV-Geschichte geschrieben hatte, war nur wenige Monate vor ihrem Tod bei uns – wie auch der bereits vom Krebs gezeichnete »Rosenheim-Cop« Joseph Hannesschläger. Sternekoch Alexander Herrmann scheiterte beim Versuch, Bratwürste mit Ananas zuzubereiten, bereits am Dosenöffner und fuchtelte die halbe Sendung in seiner schieren Not mit einem Messer herum. Sänger Marc Marshall riss Volker beim Tanz mit Mariechen aus Versehen die Perücke vom Kopf. Ross Antony schmiss beinahe die gesamte Aufzeichnung, weil er bereits hinter der Bühne so laut über die Witwen lachte, dass man den Ton draußen nicht aufnehmen konnte. Trickdieb und Artist Charly Borra schaffte es, Zuschauern die Brille vom Kopf und den Ehering vom Finger zu klauen, ohne dass diese es bemerkten. Und der weltberühmte Oboist Albrecht Mayer, der unser Publikum zuvor mit einem Stück von Johann Sebastian Bach begeistert hatte, geriet hinter der Bühne an Bier-Sommelier Helmut Ell, der aus Zeitgründen nicht alle seine mitgebrachten Spezialitäten vor der Kamera präsentieren konnte. Beide verließen die *Comödie* spätabends nicht mehr ganz sattelfest, aber ausgesprochen fröhlich.

Diese Aufzeichnungen, oft angeleitet vom großartigen Regisseur Thomas Meissner, machten uns jedes Mal sehr viel Freude, auch wenn es im Laufe der Jahre immer schwieriger wurde, die vielen Stücke Kuchen mit dem gleichen Appetit zu verspeisen wie anfangs im *Mautkeller*. Das Ende der *Tortenschlacht* war trotzdem eher unwürdig und ärgert uns bis heute ein wenig. Der *BR* hatte in Reinhard Scolik 2016 einen neuen Fernsehdirektor bekommen, der mit unseren beiden Witwen irgendwie nicht warm wurde. Sein Fokus lag auf kulturell anspruchsvolleren Sendungen als einer Talkshow, in der es in erster Linie um unkomplizierte Unterhaltung ging. Wir erfuhren nur über Umwege, dass Scolik uns plötzlich abgesetzt hatte – und zwar kurz nachdem eigentlich beschlossen worden war, die *Tortenschlacht* wegen ihres Erfolgs häufiger als bislang auszustrahlen. Die offizielle Begründung, die man uns nannte, war, dass Scolik, der in der *Fastnacht in Franken* schon mal als Rudolph Moshammer erschien, keine Kunstfiguren mehr im TV sehen wollte. Kurz danach erhielt die von uns sehr geschätzte Luise Kinseher ein eigenes Format, in dem sie als »Mama Bavaria« das aktuelle Geschehen kommentierte. Das musste man nicht verstehen. Ende 2021 wurde der Vertrag des österreichischen Fernseh-Managers mit dem Sender wieder aufgelöst. Unabhängig von unserer Enttäuschung über das abrupte Ende sind wir dankbar, dass wir durch die *Tortenschlacht* so viele spannende Begegnungen mit bemerkenswerten Menschen haben durften. Die konnte uns auch Herr Scolik nicht mehr kaputtmachen.

Zur Erzählung über unsere beiden bis heute beliebtesten Bühnenfiguren, die inzwischen sogar von dreisten Trittbrettfahrern kopiert werden, gehört aber auch ein leider recht tragischer Teil: Der Mann, dem wir es überhaupt zu verdanken hatten, so weit zu kommen, durfte nämlich nur ein gewisses Stück unseres Erfolges miterleben. Es war am Vormittag des 29. April 2008, als sich plötzlich ein Stau auf dem Nürnberger Marientorgraben bildete. Ein Auto war ohne ersichtlichen Grund zwischen den beiden Spuren stehen geblieben und blockierte die Straße, sodass sich die nachfolgenden Fahrzeuge hupenderweise an dem vermeintlichen Hindernis vorbeidrängen mussten. Bis jemand bemerkte, dass hinter dem Steuer ein zusammengesunkener Mann saß, der dringend Hilfe benötigte, waren wohl wertvolle Minuten vergangen. Und auch der alarmierte Rettungsdienst kam durch den dichten Verkehr zu spät und konnte Günther Heller nicht mehr retten. Unser guter Freund starb an einem Herzinfarkt im Alter von nur 59 Jahren. Seinen 60. hatten wir groß zusammen feiern wollen, und wahrscheinlich hätten ihm Waltraud und Mariechen dabei ein donnerndes Ständchen gesungen.

Was die Sache noch schlimmer machte: Günthers Lebensgefährtin Heidi Sänger war zu diesem Zeitpunkt bereits schwer erkrankt und hatte deshalb ihre geliebte *Kartoffel*, in der wir so häufig aufgetreten waren, verkaufen müssen. Sie litt erst an Brustkrebs, dann an Leukämie, und selbst eine Knochenmarkspende, zu der wir noch gemeinsam mithilfe der gesamten *Comödie* aufgerufen hatten, brachte keine Heilung mehr. Im August 2008 starb auch Heidi, und diese traurige Begebenheit inmitten einer Zeit, in der wir unser zehnjähriges Fürther Theaterjubiläum vorbereiteten, machte einmal mehr deutlich, wie nahe sich Freud und Leid manchmal kommen können. Doch das gehört sogar zu einem Komödiantenleben dazu.

## Volker Heißmann

# Von Dreharbeiten auf hoher See und Auftritten vor 8.000 Menschen: Einmal zum Gipfel und ein Stück wieder runter

Wenn ich in einem der seltenen ruhigen Momente in meinem Büro sitze und auf die vielen Fotos und Erinnerungsstücke blicke, die ich zum Leidwesen meiner Kollegen im ganzen Raum verteilt habe, dann staune ich immer wieder, wie viel wir während unserer gemeinsamen Bühnenkarriere schon erleben durften. Einiges davon haben wir bereits erzählt. Aber manche Geschichten waren so verrückt, dass wir heute selbst kaum glauben können, dass sie wirklich passiert sind. So wie jenes Abenteuer, bei dem wir uns plötzlich in einem eigenen Kinofilm wiederfanden – obwohl wir doch eigentlich nur drei erholsame Wochen in der Karibik verbringen wollten. Aber der Reihe nach.

Über unseren Freund Leo Loy, der für die *Abendzeitung* schrieb und immer mal wieder auch für den *Bayerischen Rundfunk* arbeitete, hatten wir einen Mann namens Thomas Gaitanides kennengelernt. Er war der Sohn eines bekannten deutsch-griechischen Schriftstellers und so etwas wie der Daniel Düsentrieb des *BR*. »Toto« erfand ständig neue Formate, die vor allem dazu gedacht waren, die Bindung zwischen Zuschauern oder Zuhörern und dem Sender zu verbessern. So hatte er sich Anfang der 90er-Jahre die »Radltour« ausgedacht, eine Fahrrad-Rundfahrt durch Bayern, an der sich jedes Mal Tausende Teilnehmer beteiligten. Außerdem organisierte er regelmäßig sogenannte »Vital-Kreuzfahrten«, über die im Radio oder Fernsehen berichtet wurde und auf denen Künstler aus dem *BR*-Programm auftraten.

»Sagt mal – könnt ihr euch vorstellen, heuer auf dem Schiff mitzufahren?«, fragte uns Thomas, als wir uns am Rande der *Fastnacht-in-Franken*-Sendung trafen, wo er ebenfalls im Einsatz war und nebenher gerade die Reise für das Jahr 2000 plante. »Es geht mit der MS Melody in die Karibik, ganze drei Wochen.«

Wir hatten seit der Eröffnung unseres Fürther Theaters zwei enorm anstrengende Jahre hinter uns und wickelten gerade die *Kleine Komödie Nürnberg* ab. Da konnte etwas Erholung natürlich nicht schaden, zumal wir nach dem Ende im Stadtpark ohnehin eine kurze Sommerpause in Fürth geplant hatten. Schon im Mai, nur knapp acht Wochen nach der *Fastnacht*, sollte es losgehen. Terminlich würde es gerade so hinhauen.

»Was sollen wir denn auf dem Kahn machen?«, fragte ich.

»Ab und zu für die Passagiere auftreten, die über den *BR* unsere Vitaltour gebucht haben. Das war's auch schon. Der Rest ist Freizeit. Weiße Strände, blauer Himmel, kristallklares Wasser ...«

Das hörte sich alles recht verlockend an. Wir betrachteten auf der Karte die Route, die uns von Florida aus auf die Bahamas, die Dominikanische Republik bis nach Guadeloupe führen würde. Nach einer Atlantiküberquerung sollte die Reise dann in Genua enden. Eigentlich gab es angesichts dessen nicht allzu viel zu überlegen.

»Ach so, eine Gage kann ich euch aber nicht bezahlen. Dafür bekommt ihr den Flug und zwei kostenlose Kabinen gestellt.«

Selbst unter dieser Voraussetzung war ich mit Martin einig, dass wir das Angebot annehmen wollten. Wir freuten uns auf einen im Idealfall unvergesslichen Urlaub nach all den Strapazen und sagten zu. Kurz darauf sprach uns Angelika

Ponnath an, die damals das Ressort »Kirche und Kultur« für den *BR* betreute und deren Mann Peter eine eigene Produktionsfirma besaß. Die beiden waren ebenfalls in Veitshöchheim mit dabei, hatten offenbar alles mitbekommen – und eine Idee.

»Was wollt ihr denn drei Wochen auf einem Schiff? Das ist doch furchtbar langweilig«, sagten sie. »Wir könnten doch stattdessen einen Film mit euch drehen.«

»Wie – einen Film drehen?«, fragte Martin, und auch ich wusste nicht, was die Ponnaths mit uns vorhatten. Inzwischen waren wir zwar durch die *Fastnacht in Franken* und einige andere kleinere Sendungen etwas kameraerfahren, aber darunter konnten wir uns beim besten Willen nichts vorstellen.

»Na, einen Kinofilm. 90 Minuten lang, wie es sich gehört«, sagte Peter Ponnath. »Ich hab ja alles an Ausrüstung da und bringe das Material mit. Außerdem übernehme ich die Regie, dazu brauchen wir nur noch einen Kameramann, einen Tontechniker und einen Maskenbildner. Und dann läuft das schon.«

Martin und ich sahen uns an. Wenn Peter meinte, dass er uns unbedingt ins Kino bringen wollte, dann bitte schön. Wir hatten schließlich nichts zu verlieren, dachten wir zumindest. Also vereinbarten wir, die anfallenden Kosten sowie auch etwaige Einnahmen zu teilen und fixierten diesen Vertrag auf einer weißen Einwegserviette, die noch vom kalten Buffet auf dem Tisch vor uns lag. Nachdem wir alle auf dem Papiertuch unterschrieben hatten, informierten wir Thomas über unseren Plan und baten ihn, noch fünf zusätzliche Kabinen zu buchen: eine für die Ponnaths, drei für das Team – und eine, in der wir die Kostüme unterbringen konnten, die wir für unser Filmvorhaben brauchten. Auch wenn wir noch keinen blassen Schimmer hatten, was wir an Bord eigentlich genau veranstalten wollten, benötigten wir logischerweise ein bisschen mehr Gepäck als nur ein paar Polohemden und Badehosen. Zu diesem Zeitpunkt ahnten wir freilich nicht, was wir uns damit eingehandelt hatten.

In den folgenden Wochen dachten wir uns einige längere Sketche aus, die unserer Meinung nach zu einem Schiff passten und die Martin dann mit einer etwas hanebüchenen Rahmenhandlung zu einer Art Drehbuch zusammenfasste. Klar war, dass Waltraud und Mariechen, die in diesem Jahr erneut bei der *Fastnacht* dabei gewesen waren, auch an Bord ihr Unwesen treiben würden. Das wünschte sich auch Thomas Gaitanides, der den Reisegästen des *BR* bereits »witzige Momente mit den beiden Fürther Kultwitwen« versprochen hatte. Außerdem wollten wir unsere guten alten Kaltengrubers auf hohe See schicken, dazu ersannen wir noch zwei schräge Typen namens »Hepp und Depp«, die ihrerseits als Komikerduo auf einem Kreuzfahrtschiff auftreten und dabei grandios scheitern sollten. Angesichts dieser Ansammlung eines halben Dutzends schräger Charaktere war auch relativ schnell ein Titel gefunden: *Sechs auf See*.

Kurze Zeit später ging es endlich los. Anfang Mai starteten wir von Frankfurt aus nach Miami. Vollkommen übermüdet schlurften wir um 14 Uhr Ortszeit bei drückender Hitze aus dem Flugzeug. Doch unsere Einreise in die USA wäre beinahe bereits an der Gepäckkontrolle gescheitert.

»Open your suitcase«, befahl uns der Zollbeamte und blickte grimmig auf unseren Schrankkoffer, in dem wir unsere Kostüme verstaut hatten.

»Ähm, there's only clothes in there«, entgegnete ich und hoffte, der Betrachtung dadurch zu entgehen. Der uniformierte Mann aber kannte keine Gnade.

»Open it!«

Ich öffnete den Deckel, und auf einem Berg Frauenkleidern lagen unsere Schaumstoffbrüste sowie die rosafarbenen

Silikoneinlagen, mit denen wir unsere Unterhosen ausstopften, um auch am Hintern weiblichere Rundungen präsentieren zu können. Der Beamte starrte auf unsere Brust- und Po-Implantate und war erkennbar fassungslos.

»Ein Arsch schaut rein und einer raus«, flüsterte Martin mir zu, und wir mussten aufpassen, keinen Lachanfall zu bekommen.

Mit halbwegs ernster Miene erklärten wir, dass es sich um Utensilien für einen Film handelte, und wurden dann doch noch kopfschüttelnd durch den Zoll gewinkt. Als wir das Flughafengebäude verließen, freuten wir uns nach fast zehn Stunden an Bord und insgesamt mehr als 24 Stunden auf den Beinen nur noch auf eine kalte Dusche und ein bequemes Bett.

»Leute, ihr könnt euch jetzt nicht ausruhen«, erklärte uns Peter Ponnath am Taxistand. »Wir drehen jetzt erst mal ein bisschen. Sonst bekommen wir nicht genug Material zusammen.«

Martin und ich dachten, wir hätten uns verhört, aber Peter meinte es leider ernst. Wir hatten noch nicht mal eine Stunde amerikanische Luft geatmet, da scheuchte uns unser Regisseur bereits als »Hepp und Depp« in Holzfällerhemden und mit Baseballcap den Ocean Drive rauf und runter, ließ uns in einem Diner in einen Burger beißen, an einer amerikanischen Telefonzelle scheitern oder schickte uns in dunkle Nebenstraßen, um schon mal die ersten Aufnahmen im Kasten zu haben. Während wir uns abmühten und jede Szene in sechs, acht oder zehn Einstellungen für unseren Kameramann Peter Mucko und den für den Ton zuständigen Wolfgang Prein drehten, sammelten sich immer mal wieder zahlreiche Schaulustige am Straßenrand und applaudierten uns freundlich zu. Ich hatte keine Ahnung warum, aber offenbar lockte selbst unser gerade mal dreiköpfiges Filmteam einige neugierige Einheimische an. Am Abend konnten wir dann endlich unsere Kabine beziehen und fielen wie Steine ins Bett.

Am nächsten Morgen stand nach dem Frühstück gleich der nächste Dreh an. Diesmal sollten wir einchecken und schon mal an Bord unser Unwesen treiben. Und auch wenn wir uns gerade in einem Film bewegten, machten wir eben das, was wir auch auf der Bühne immer machten: Wir stolperten von einem Missverständnis zum nächsten, veralberten den ein oder anderen Passagier und stifteten jede Menge Unruhe. Die Crew war vom *BR* natürlich in groben Zügen informiert worden, was wir da veranstalteten. So hatten wir uns eine Szene ausgedacht, in der wir das Schiff über die Zugangsbrücke betreten und dabei wie alle anderen Reisenden auch von den Stewards flankiert werden. Nachdem wir erklärten, dass wir aus »Franconia« stammten, sollten die Angestellten schreiend Reißaus nehmen. Schon allein diese kurze Sequenz dauerte eine gefühlte Ewigkeit – auch, weil das Personal aus aller Herren Länder stammte und so gut wie kein Deutsch verstand. Nach dem vierten oder fünften Versuch begann uns die Sache etwas peinlich zu werden. Aber an den Blicken der Jungs merkten wir, dass sie unsere »Dreharbeiten« sehr amüsant fanden. Endlich durften sie mal vor den Gästen wegrennen, was ihnen offenkundig jede Menge Freude bereitete.

Als Waltraud und Mariechen bezogen wir dann unsere Kabine und wunderten uns drehbuchgemäß über den Seegang oder die ungewohnte Aussicht aus einem Bullauge. Dabei stellten wir schon nach kurzer Zeit fest, wie problematisch es war, wenn man nur eine einzige Kamera zur Verfügung hatte. Zwar wäre hier drin auch nicht mehr Platz gewesen als für uns und unser Mini-Filmteam. Aber in Veitshöchheim waren sicherlich allein vier oder fünf Kameras nur auf die Bühne gerichtet, sodass man alle Blickwinkel auf einmal einfangen konnte. Wir dagegen mussten jetzt jede Perspektive neu drehen, damit das Ganze am Ende wenigstens halbwegs professionell aussah – und das schlauchte.

Nach acht oder neun Stunden, die mit Kreuzfahrt, Freizeit und Erholung noch weniger zu tun hatten als der fränkische Fasching mit dem Karneval in Rio, beendete Peter Ponnath den ersten Drehtag. Wir waren ziemlich bedient und machten uns frisch fürs Dinner.

»Was meinst du, wie viel Material wir jetzt schon beisammenhaben?«, fragte ich Peter später am Tisch – nach einer der Vitaltour entsprechend kargen Vorspeise und einem langersehnten Feierabendschoppen – und erwartete, dass unser Regisseur zumindest von einer Viertelstunde sprach, idealerweise sogar von mehr. Wenn wir so weitermachten, so meine Hoffnung, würden wir die geplanten 90 Minuten in einigen Tagen hinbekommen und den Rest der Reise doch noch halbwegs genießen können.

»Also, ich denke maximal 120 Sekunden«, sagte Peter und zuckte mit den Achseln.

Damit war endgültig klar, dass wir das ganze Projekt vollkommen unterschätzt hatten. Das konnte ja was werden in den nächsten Wochen ...

Nach einigen Tagen hatten wir uns damit abgefunden, dass wir nach unserer Kreuzfahrt nicht entspannt, sondern gestresster denn je nach Fürth zurückkehren würden. Denn natürlich mussten wir auch noch unserem eigentlichen Auftrag nachkommen und die *BR*-Zuschauer bespaßen, was wir dann meistens abends nach Drehschluss taten. Gingen auch uns langsam die Kräfte aus, hatte zumindest die Besatzung ihren Spaß, wenn ich etwa ausgestopft mit einem Kissen als korpulenter Georg Kaltengruber an der Bar ein Glas Sekt bestellte oder Martin als Waltraud im Zebrakostüm am Pool auftauchte und den Stewards schöne Augen machte. In technischer Hinsicht jedoch waren die Arbeiten eine Katastrophe. Wir hatten den Seegang unterschätzt und stellten bei manchen Szenen erst im Nachhinein fest, dass sie für unsere Zwecke aufgrund der Bewegungen des Schiffs nicht zu gebrauchen waren. Und auch andere Widrigkeiten tauchten immer wieder auf. So verbrachten wir fast einen halben Tag im stickigen Maschinenraum, in den sich unsere Witwen gemäß dem Drehbuch verlaufen haben sollten. Am Abend stellten Peter und wir dann bei der Sichtung des Materials fest, dass es durch die Lautstärke der Motoren nicht möglich war, auch nur eine Sekunde davon im fertigen Film zu verwenden.

»Man versteht ja kein Wort«, zog er ein enttäuschtes Fazit. »Wieder ein Tag für die Katz.«

»Es sei denn ...«, sagte Martin und hatte eine Idee. »Wir könnten doch Sprechblasen über Waltraud und Mariechen legen, wie in einem Comic.«

»Genau, Sprechblasen. Warum zeichnen wir nicht gleich den ganzen Film«, ärgerte sich Peter, aber nach einigen Momenten des Nachdenkens fand er den Gedanken dann doch gar nicht so schlecht. »Okay, lasst es uns daheim ausprobieren«, meinte er – und schlussendlich hatten wir durch Martins Einfall wenigstens diese drei Minuten gerettet.

Als Entschädigung für die Plackerei durften wir zumindest traumhafte Kulissen erleben. Doch selbst bei den Landgängen mussten wir natürlich ausreichend Momente für *Sechs auf See* einfangen und konnten uns nicht einfach an den Strand legen oder Rundfahrten machen wie die anderen Passagiere. Als wir bei 35 Grad mit zwei Liegestühlen unter dem Arm und in Frauenkleidern durch die Gassen von Pointe-à-Pitre irrten, der Hauptstadt von Guadeloupe, war es ein Wunder, dass uns die Polizei nicht festnahm. Das wäre allerdings um ein Haar einige Stunden später passiert.

Wir erreichten einen menschenleeren Strand, der aussah wie aus einem Reisekatalog – und wunderten uns noch darüber, dass außer uns kein Mensch an diesem wunderbaren Fleckchen Erde anzutreffen war. In den nächsten Stunden drehten wir unsere vorgesehenen Szenen, für eine davon musste ich sogar in voller Montur ins Wasser steigen. Als ich klatschnass wieder herauskam und wir noch den herrlichen Sonnenuntergang einfangen wollten, bemerkten wir hinter uns einen herannahenden Geländewagen, in dem ein schreiender und gestikulierender Mann saß. Wie sich nach einigen Schimpftiraden auf Französisch herausstellte, handelte es sich um den Eigentümer des Strandabschnitts, der sich fürchterlich über unseren Aufenthalt aufregte. Diesen hatten wir vorab natürlich nicht genehmigen lassen – in der irrigen Annahme, in der freien Natur problemlos Filmaufnahmen erstellen zu können.

»Monsieur, ne vous fâchez pas«, versuchte Peter zu beschwichtigen, doch der Mann ließ sich nicht beruhigen.

Offenkundig wollte er von uns ein paar Tausend Francs oder wahlweise einige Hundert Dollar Entschädigung, andernfalls drohte er damit, uns augenblicklich verhaften zu lassen. Dummerweise hatten wir aber keinerlei Geld dabei, und so versuchte unser Regisseur, den Strandbesitzer abzulenken, damit wir einstweilen in Richtung Hafen verschwinden konnten. Wir stahlen uns also zu unserem Auto, mit dem wir gekommen waren, und stiegen ein. Als Peter uns in Sicherheit wähnte, rannte auch er zu unserem Wagen, und wir rasten zum Kreuzfahrtterminal – verfolgt vom nun noch wütenderen Beach-Kapo. Zu unserem Glück hatten wir eine Durchfahrterlaubnis, um bis zum Schiff zu gelangen, während unser Verfolger an der Schranke stehen bleiben musste, wo er noch immer wild herumbrüllte.

In diesem Moment kehrte auch eine Gruppe um Sabine Sauer zurück zur MS Melody. Sie war vom *BR* als Moderatorin für die Vitaltour eingeteilt worden und hatte den Auftrag, mit ihrem TV-Team einige Landschaftsbilder für eine Reportage einzufangen. Von der Reling aus beobachteten wir, wie sich der Mann nun die arme Sabine schnappte und auf sie und ihre Kameraleute einredete. Offenbar ging er davon aus, dass wir zusammengehörten. Nach einigen Diskussionen kam nun doch die Polizei und ließ sich von dem Einheimischen erklären, was vorgefallen war.

»Stellt euch vor, was mir heute passiert ist«, sagte eine noch immer sichtlich aufgelöste Frau Sauer später an Bord zu uns. »Die wollten uns nicht mehr von der Insel lassen, weil wir angeblich illegal gedreht haben. Wir mussten 500 Dollar Strafe zahlen, obwohl wir alles angemeldet hatten«, erzählte sie.

Martin, Peter und ich sahen uns an und schluckten lieber herunter, was wir zur Aufklärung des Vorfalls hätten beitragen können. Dafür drückten wir Sabine gegenüber unser Bedauern aus.

Als wir kurz vor dem Ende der drei veranschlagten Wochen auf Madeira anlegten, fühlten wir uns komplett durch den Wolf gedreht. Abgesehen von dem ganzen Irrsinn mit den Dreharbeiten waren wir nach der fast einwöchigen Atlantiküberquerung froh, wieder festen Boden unter den Füßen zu haben. Und auch darüber, endlich etwas zu essen zu bekommen, das normal gewürzt war und nicht unter dem Motto »Vitaltour« stand. Wir beschlossen, den Abend nicht auf dem Schiff zu verbringen, sondern in der Altstadt von Funchal ein Lokal zu suchen, das wir schließlich in der Nähe des Marktplatzes fanden. Dort gab es landestypische Spezialitäten wie Fleischspieße, Degenfischfilets oder Süßkartoffeln, und nachdem wir uns, ausgehungert wie wir waren, durch die halbe Karte gefressen hatten, bestellten wir zur Verdauung einen Cognac.

»Endlich wieder richtiges Essen«, sagte ich zu Martin, der mit weit aufgerissenen Augen beobachtete, was uns der Kellner gerade brachte: zwei Cognacschwenker, die bis zum oberen Rand mit Weinbrand gefüllt waren.

»Trinkt man bei uns so«, grinste der Kellner, und wir sahen uns fassungslos an.

Hätten wir dieses Ding ausgetrunken, wäre wahrscheinlich eine mittelschwere Alkoholvergiftung die Folge gewesen. Aber der portugiesische XXL-Brandy brachte uns zumindest auf eine Idee: Für den folgenden Morgen hatte Peter einmal mehr einen kompletten Tag mit diversen Drehs verplant, obwohl wir inzwischen der Meinung waren, ausreichend Szenen für einen eineinhalbstündigen Spielfilm zusammenzuhaben. Wir wollten nicht mehr, und wir konnten auch nicht mehr. Zum Glück kam uns kurz nach dem Verlassen des Schiffs, als unser Regisseur uns schon wieder herumzuscheuchen drohte, das Wetter zu Hilfe – über Funchal ging ein heftiger Platzregen nieder.

»Wir kennen da ein nettes Lokal, da können wir warten, bis der Regen aufgehört hat«, sagte ich zu Peter und empfahl ihm und den anderen gleich zu Beginn den hervorragenden Cognac, den wir schon am Vorabend probiert hatten.

»Donnerwetter«, sagte er, nachdem der Ober auch ihm ein randvolles Glas auf den Tisch gestellt hatte, das er sich in den nächsten Minuten hineinkämpfte. »Das nenne ich mal gastfreundlich!«

»Mist, es regnet immer noch. Kommt, wir laden euch noch auf eine Runde ein, danach scheint sicher wieder die Sonne«, rief Martin kurze Zeit später der inzwischen etwas angeschlagenen Filmcrew zu und bestellte den zweiten Eimer für jeden. Danach war Schicht im Schacht. Peter strich die Segel und sah sich außerstande, auch nur eine Minute Film zu produzieren. Und wir waren froh, *Sechs auf See* endlich überstanden zu haben. Wir hatten uns unseren Drehschluss einfach ersoffen.

Nach der Rückkehr mussten wir noch einige Aufnahmen in Fürth erstellen, dann ging es in die Postproduktion. Peter

Ponnath hatte für die Aufnahmen eine der sehr frühen Digitalkameras verwendet; hauptsächlich um Platz zu sparen. Weil allerdings seinerzeit kaum Kinos diese neuartige Technik verwendeten, musste der gesamte Film auf Rollen übertragen werden, was ziemlich aufwendig und vor allem: sauteuer war. In diesem Moment stellte sich unser Serviettenvertrag als doch nicht ganz so risikolos heraus wie von uns angenommen. Alles in allem kostete *Sechs auf See* schließlich rund 100.000 Mark, wovon wir absprachegemäß die Hälfte berappen mussten. Jede einzelne Kopie schlug mit weiteren 10.000 Mark zu Buche, sodass wir uns überhaupt nur fünf Kopien leisten konnten, die wir dann höchstpersönlich verschiedenen Kinos in ganz Bayern anboten.

Die Premiere, auf die wir uns wochenlang freuten, fand im Nürnberger *Cinecittà* statt, und zu unserer großen Überraschung schlug das Ding ein wie eine Bombe. Sämtliche Vorstellungen in den ersten Wochen waren restlos ausverkauft, und auch die anderen Kinobetreiber vor allem aus Kleinstädten zeigten sich begeistert: Sie waren froh, ein Alternativangebot zu den parallel laufenden Blockbustern wie *Gladiator* mit Russel Crowe, *Cast away* mit Tom Hanks oder *Final Destination* zu bekommen, die sich das Publikum nicht bei ihnen, sondern lieber in den damals überall aus dem Boden schießenden Multiplexkinos ansah. Außerdem boten wir an, selbst zur Erstaufführung zu erscheinen, was von den meisten Besitzern dankend angenommen wurde. Nachdem wir unser eigenes Machwerk jedoch innerhalb kürzester Zeit rund ein Dutzend Mal mit anschauen mussten, verflog unsere Freude wieder. Seitdem haben wir uns den Streifen nie wieder angesehen.

Schon nach kurzer Zeit erreichte uns die Nachricht, dass wir in den offiziellen Kinocharts den ersten Platz belegten – in der Kategorie »Meiste Besucher pro Kopie«, was natürlich an der geringen Zahl der Kopien lag. Davon beflügelt, beschlossen wir, uns nochmals in Unkosten zu stürzen – und von den Einnahmen aus den bisherigen Einspielergebnissen weitere fünf Ausfertigungen herstellen zu lassen. Diese 50.000 Mark aber waren leider hinausgeschmissenes Geld, denn als alles fertig war, ebbte der Erfolg wieder ab. Unter dem Strich aber hatten rund 70.000 Zuschauer *Sechs auf See* gesehen, und durch den Verkauf an den *Bayerischen Rundfunk*, der sich die Rechte für fünf Jahre sicherte, und das Sponsoring der *Küchen Quelle*, die für 10.000 Mark in der ersten Szene vorkam, warf das Projekt dann doch noch einen kleinen Gewinn ab.

Das bayerische Fernsehen strahlte *Sechs auf See* im Jahr darauf dankenswerterweise direkt nach der *Fastnacht in Franken* aus, was zur vermutlich höchsten Einschaltquote führte, die jemals ein Spielfilm im Dritten erzielt hatte. Auch dadurch entwickelte sich in den folgenden Jahren unser Engagement beim *BR* immer weiter, was wir zu großen Teilen dem bereits erwähnten Thomas Jansing und seinem Mitarbeiter Thomas Kania zu verdanken hatten. Beide teilten unseren Humor und besaßen ein Faible für die Unterhaltungsformate der 80er-Jahre, die sie nicht sterben lassen wollten. So kam es, dass eines Tages die Idee entstand, die Boulevardkomödien, die wir in unserem Theater alljährlich auf die Bühne brachten, für das Fernsehen aufzunehmen. Mit der *Geheimen Mission* fing alles an: Unseren Klassiker aus der *Kleinen Komödie Nürnberg* führten wir 2006 abermals auf und gingen mit ihm auf Tournee.

»Lass uns die letzte Vorstellung mal mitfilmen«, sagte ich zu Martin.

»Und dann?«, fragte er.

»Dann geben wir das Band dem *BR*. Vielleicht wollen die so was mal ins Fernsehen bringen.«

Er fand den Gedanken gut, war aber skeptisch, ob sich der Sender darauf einlassen würde – und ehrlich gesagt war ich es auch. Seit vielen Jahren hatte der *Komödienstadl* einen festen Platz im TV-Programm des Dritten und lief jeden Monat. Von daher war es relativ unwahrscheinlich, dass die Verantwortlichen ein zweites, ähnliches Format produzieren wollten. Andererseits waren wir im Vergleich zu den *Komödienstadl*-Protagonisten Franken – und durch den Erfolg der Veitshöchheimer Fastnacht war man selbst in München hellhöriger geworden als noch einige Jahre zuvor, was die Wertschätzung für fränkische Unterhaltung betraf. Mit diesem Argument versuchten wir es. Also ließen wir die Videokamera bei der finalen Vorstellung der *Geheimen Mission*, die in Würzburg stattfand, laufen und schickten die Kassette an Thomas Kania.

»Das ist gut«, sagte er einige Tage später am Telefon. »Ich denke, das bekommen wir verkauft.«

Wir vereinbarten, dass der *BR* im Herbst, wenn wir das Stück nochmals in der *Comödie* aufführten, zur Aufzeichnung vorbeikam. Als Regisseur war Thomas Kornmayer vorgesehen, ein alter Hase, der eine Menge TV-Erfahrung besaß und zum Beispiel schon für das berühmte Politiker-Derblecken am Münchner Nockherberg verantwortlich war oder mit unserem Idol Dieter Hallervorden zusammengearbeitet hatte. Kornmayer sah sich die Würzburger Aufnahmen an und machte sich an die Arbeit, das Stück fernsehgerecht zu inszenieren. Doch als wir anfingen zu proben, klappte fast gar nichts mehr. Die Gags, die noch in Würzburg gezündet hatten, versandeten nun, und das Timing stimmte nicht. Wir waren enttäuscht und frustriert. Doch Thomas Kornmayer und auch Thomas Kania machten uns klar, dass wir unsere Arbeit umstellen mussten, denn mit Improvisation und allzu spontanen Einfällen funktionierte es in diesem Fall nicht. Stattdessen mussten wir für die Aufzeichnungen vorab bis ins kleinste Detail besprechen, wer sich in welcher Szene wo auf der Bühne befand und wie lange – was mir schwerer fiel als Martin. Die Redaktion überließ nun nichts mehr dem Zufall. Das war anstrengend, für unsere Arbeit aber ein Segen.

Langfristig entpuppte sich die neue Kooperation für uns beinahe wie ein Sechser im Lotto, denn durch die Reichweite des *BR* erhöhte sich auch die Bekanntheit der *Comödie Fürth*, was wiederum zu steigenden Zuschauerzahlen führte. Nach der *Geheimen Mission* folgten zunächst mal eine und später dann sogar zwei Produktionen im Jahr: *Alles in Butter*, *Baby, Baby, balla, balla*, *Außer Kontrolle*, *Hotel im Angebot*, *Bunga Bunga Bavaria*, *Pension Schöller*, *Der keusche Lebemann* oder *Alles auf Krankenschein* hießen einige der Stücke, die von Fürth aus Millionen Fernsehzuschauer erreichten. Jedes Mal quartierte sich der *BR* für knapp zwei Wochen in Kompaniestärke bei uns ein und sorgte für Hochbetrieb auf allen Ebenen: Vor dem Haus und im Hof parkten die charakteristischen blauweißen Übertragungswagen, die Büros von Marcel, Urmel und den anderen verwandelten sich in Aufnahmestudios und Besprechungsräume, und im gesamten Haus wurden kilometerweise Kabel verlegt, Scheinwerfer installiert und sonstige Technik aufgebaut. Die Nerven lagen deshalb anfangs bei Thomas und Thomas, bei uns und auch bei manchen Mitarbeitern öfter mal blank, aber im Laufe der Jahre gewöhnten wir uns allesamt nicht nur aneinander, sondern auch an die Unruhe sowie die gegenseitigen Arbeitsweisen. Am Ende waren dann meistens alle zufrieden mit dem Ergebnis. Und wenn dann wieder Ruhe in unserer *Comödie* einkehrte, fehlte uns beinahe etwas.

Bis heute macht der *BR* regelmäßig bei uns Station, und es ist ein großes Glück, dass wir auch nach so vielen Jahren auf diesen Sender als verlässlichen Partner zählen dürfen, der uns so viele Freiheiten lässt. Das ist keinesfalls selbstverständlich in unseren schnelllebigen Zeiten, in denen viele andere Programme längst vorwiegend auf beliebige und zugekaufte

Inhalte setzen, weil ihnen der Aufwand für liebevoll erstellte Eigenproduktionen zu groß geworden ist.

Nachdem nach und nach noch weitere TV-Formate dazukamen – so durfte ich beispielsweise einige Jahre lang meine eigene Show *Das ist heiß, Mann* moderieren, Martin wurde für die *Fränkische Weinprobe* eingesetzt und später folgte mit der schon erwähnten *Tortenschlacht* sogar eine eigene Talkshow mit Waltraud und Mariechen – stieg unsere Popularität weiter. Bis heute durften wir in rund 200 eigenen Sendungen mitwirken, Auftritte in anderen Shows nicht mitgerechnet. Dadurch waren wir auch als Tourneekünstler immer gefragter. Im Prinzip tingelten wir vom Anfang unserer gemeinsamen Laufbahn an durch die Lande und gastierten mal in kleineren, mal in etwas größeren Ortschaften. Wir saßen in unzähligen Umkleidekabinen von Sporthallen, in denen sich sonst die örtlichen Handballteams oder diverse Turngruppen umzogen, was man der Raumluft leider oft auch anmerkte. Wir zogen uns hinter halbdurchsichtigen Vorhängen in verqualmten Nebenzimmern um, mussten uns auf engen Toiletten frisch machen oder in dunklen Abstellkammern schminken. Das aber störte uns ebenso wenig wie die vielen Zentner durchgeweichter Kanapees mit angelaufenem Schinken und welligem Käse, die wir dabei schon gegessen haben. Im Gegenteil: Jeder Auftritt außerhalb unserer eigenen künstlerischen vier Wände war etwas Besonderes, weil wir nie wussten, wie sich das jeweilige Publikum verhielt oder welche Gags besonders gut ankamen und welche nicht.

Natürlich empfanden wir es als tolles Privileg, das erste Mal in den berühmten Berliner *Wühlmäusen* spielen zu dürfen, wo seit den 60er-Jahren deutsche Kabarettgeschichte geschrieben wurde. Wir standen eines Tages ebenso ehrfürchtig im Hamburger *Ohnsorg-Theater* wie im Münchner *Lustspielhaus* oder dem *Millowitsch-Theater* in Köln und waren stolz, nun auch einen Platz in der Ahnengalerie dieser legendären Bühnenhäuser zu erhalten. Aber im Prinzip war es Martin und mir immer nur wichtig, dass wir die Menschen, die zu uns gekommen waren, gut unterhalten konnten – egal, wie viele es schlussendlich waren. Ich erinnere mich an Auftritte vor einer Handvoll Leuten in gähnend leeren Mehrzwecksälen irgendwo in der fränkischen Diaspora Anfang der 90er-Jahre, die sich aber deshalb gut anfühlten, weil es den wenigen, die gekommen waren, gefiel. Mehr Besucher waren nicht gleichbedeutend mit mehr Stimmung. Da gab es große Unterschiede.

Doch natürlich war es fantastisch, auf einmal fast überall auf ausverkaufte Reihen zu blicken und nicht mehr einige Hundert, sondern teilweise einige Tausend Menschen vor uns zu sehen. Immer öfter mussten wir sogar zwei Mal hintereinander auftreten, um der Nachfrage Herr zu werden. In Wassertrüdingen schafften wir es damit sogar in die Verkehrsnachrichten: Auch dort waren die Karten für die Vorstellung innerhalb weniger Tage vergriffen, sodass wir beschlossen, noch einen Zusatztermin am Nachmittag einzuschieben. Was wir bei der Planung nicht bedachten, war, dass es nur eine schmale Zufahrtsstraße zur Hesselberghalle gab, in der beide Shows stattfanden. Und während die rund 2.000 Besucher des ersten Termins nach Hause wollten, kamen die Gäste vom Abend an. Rund um die Halle brach das völlige Chaos aus, die Autos stauten sich zurück bis zum Ortseingang, und auf *Bayern 3* riet man ortskundigen Fahrern, das Gebiet weiträumig zu umfahren. Trotz solcher Erlebnisse waren wir überrascht, als unsere damalige Künstleragentur mit folgendem Vorschlag auf uns zukam:

»Was meint ihr, wollen wir es nicht mal in richtig großen Hallen versuchen?«, sagte der Agenturinhaber zu uns, der das kleine Künstlerbüro zusammen mit seiner Frau leitete.

»Was meinst du mit richtig groß?«, fragten Martin und ich und konnten uns nichts Genaues darunter vorstellen. Die

Lokalitäten, in denen wir seit geraumer Zeit auftreten durften, waren nach unserem Dafürhalten bereits ziemlich groß.

»Na die richtig großen Dinger. Liederhalle Stuttgart, Jahrhunderthalle Frankfurt, Stadthalle Wien, Olympiahalle München.«

»Jetzt mach mal halblang«, sagte ich. »Olympiahalle München. Da gehen über 10.000 Personen rein.«

»Genau«, sagte er. »Und das versuchen wir jetzt mal.«

Martin und ich waren uns nicht sicher, ob wir das Experiment wagen sollten. Anfang der 2000er-Jahre traten allenfalls Musiker in solchen Arenen auf – und dann auch nur solche vom Kaliber Udo Jürgens, Sting oder Tina Turner. Komiker wie wir jedoch wagten sich an derartige Events, wie solche Veranstaltungen neuerdings genannt wurden, eher nicht heran. Und das hatte sicherlich Gründe. Zwar hatte die Sendung *RTL Samstag Nacht* einige Zeit zuvor eine Art Humor-Boom in Deutschland ausgelöst und aus Leuten wie Wigald Boning, Olli Dittrich oder Esther Schweins bekannte Stars gemacht. Und auch der *Quatsch Comedy Club* auf *Pro7* trug dazu bei, dass viele der dort gastierenden Comedians bekannt wurden und ein immer breiteres Publikum fanden. Aber die Münchner Olympiahalle erschien uns dann doch mindestens eine Nummer zu groß, wenn nicht zwei.

Ein dreiviertel Jahr später hörten wir in den Katakomben ebenjener Olympiahalle, wie sich der Zuschauerraum oben langsam füllte. Wir konnten es selbst nicht glauben, aber nun standen wir tatsächlich hier unten und warteten auf unseren Auftritt vor fast 10.000 Zuschauern. Unser Agenturpartner hatte nicht lockergelassen und immer wieder auf uns eingeredet. Irgendwann gaben wir nach und stimmten zu. Uns wurde schwindlig bei dem Gedanken daran, vor so vielen Menschen zu stehen, wie in einer Kleinstadt lebten. Noch schwindliger wurde uns jedoch bei dem Gedanken, dass unsere Spaßrevue *Essn für Ann*, die wir für diese Tournee rund um Silvester zusammengestellt hatten und die nun eben in München ihren Abschluss finden sollte, viel zu wenig Menschen interessierte. Und wir nicht nur verlassen auf einer riesigen Bühne herumstanden und uns nach Kräften blamierten, sondern auch auf den Ausgaben sitzen blieben.

In diesem Fall hätten wir ein Problem gehabt. Denn während wir zunächst unterwegs noch nahezu alles selber machten und in späteren Jahren normalerweise mit einem Tontechniker auskamen, war das hier ein anderes Kaliber. Wir mussten eine ganze Kompanie an Mitarbeitern beschäftigen, um die Größe der Halle überhaupt bewältigen zu können. Alleine an den Einlassschleusen stand mehr Personal herum, als zu manchen unserer frühen Gastspiele Besucher kamen. Zu den vielen Technikern gesellten sich ein Sicherheitsdienst, diverse Sanitäter, ein Dutzend Ordner und so weiter. Und natürlich Pavel Sandorf mit seinem Orchester: einer stattlichen 16-köpfigen Big Band. Er sollte uns standesgerecht begleiten – eben so, wie es in unserer Kindheit und Jugend üblich war, als Hazy Osterwald, Max Greger oder Bert Kaempfert in den großen Samstagabendshows für den richtigen musikalischen Rahmen sorgten, während im ganzen Land die Familien zu Hause auf den Sofas saßen und sich auf einen tollen Abend freuten.

Das Programm selbst schien uns eine sichere Nummer. Wir hatten einige Sketche aus unserem bisherigen Repertoire darin aufgenommen, von denen wir wussten, dass sie gut funktionierten. Ich steuerte, passend zum feierlichen Anlass am Jahreswechsel, einige Lieder von Frank Sinatra bei. Und schließlich hatten wir uns als Highlight des Abends eine fränkische Parodie auf *Dinner for One* überlegt, in dem Martin als Miss Sophie und ich als Butler James den britischen Silvester-Klassiker nachspielten. Zumindest in dieser Hinsicht konnte fast nix schiefgehen. Das Gefühl, als wir die langen Gänge von unserer Garderobe bis zum Bühnenzugang entlangliefen und schließlich das erste Mal die Bühne selbst betraten, werde ich nie vergessen. Wenn man von hinten nach vorne ins Scheinwerferlicht tritt, ist der Zuschauerraum zunächst mal einfach nur dunkel – das ist in einer Riesenhalle nicht anders als im Gemeindesaal St. Paul. Die Geräuschkulisse aber, der akustische Grundpegel, ist komplett anders. Und wenn dann Applaus von so vielen Leuten aufbrandet, weht es einen fast um. Es war unbeschreiblich.

Der Abend flog nur so an uns vorbei. Da wir teilweise bis zu 300 Auftritte pro Jahr absolvierten, hatte sich in den letzten Jahren eine gewisse Routine eingestellt. So sehr wir diesen Beruf auch liebten, waren wir doch vor dem Beginn nicht mehr so aufgeregt wie früher und nach dem Ende nicht mehr so aufgekratzt. An diesem Tag aber pochte uns kurz vor dem ersten Sketch das Herz bis zum Hals, und wir kamen anschließend kaum runter, obwohl wir lange nach dem Ende noch mit Pavel und seinen Musikern auf ein, zwei Gläser Wein zusammensaßen. Nun schienen wir, passend zur Location, wirklich ganz oben angekommen zu sein: im komödiantischen Olymp.

Aber wie meistens im Leben währte auch bei uns nichts ewig – und das war auch gut so. Noch zwei weitere Male schafften wir es in der Folge, die Münchner Olympiahalle zu füllen. Unsere Tournee *Spaß ist Trumpf* beendeten wir vier Jahre später in der Arena Nürnberg, in der wir einst unseren Zirkus *Ron Doldi* veranstaltet hatten. Zuvor waren wir kreuz und quer in ganz Deutschland unterwegs gewesen und hatten fast 100.000 Zuschauer mit unseren Gastspielen erreicht. Wir wussten von vornherein, dass wir nicht für immer auf diesem Level unterwegs sein konnten und auch wollten. Seit einiger Zeit stellten wir fest, dass es immer schwieriger wurde, den Kontakt zu unserem Publikum zu halten – das aber war seit jeher unsere Stärke gewesen. Doch in einem Eishockeystadion auf einer acht Meter hohen Bühne, in dem unsere Show für die Gäste des Oberrangs auf einem Videowürfel übertragen werden musste, funktionierte unser Humor nicht mehr so gut wie in unserer wundervollen *Comödie*, wo man die Menschen direkt ansprechen konnte und idealerweise in viele lachende Gesichter blickte, von denen man einige meistens gut kannte, weil sie zu unseren Stammgästen gehörten.

Dazu kam, dass die Vorverkäufe für die ganz großen Hallen plötzlich nicht mehr so gut liefen. Waren die Karten bisher innerhalb kurzer Zeit ausverkauft und wurden hin und wieder gar zu überteuerten Preisen auf dem Schwarzmarkt gehandelt, blieben nun immer öfter manche Reihen leer. Es lag nicht mal so sehr an uns, aber die Konkurrenz war ungleich größer geworden. Viele andere Komiker traten inzwischen ebenfalls in solchen überdimensionierten Locations auf; Mario Barth schaffte es gar, 70.000 Menschen ins Berliner Olympiastadion zu bekommen. Was wir aber keinesfalls wollten, war, uns noch weiter anzupassen, um auf dem fahrenden Zug zu bleiben, auf den zahlreiche andere inzwischen aufgesprungen waren. Wir wollten uns nicht verbiegen, sondern uns und unserem Humor lieber treu bleiben. Grenzüberschreitungen und Provokationen lagen uns noch nie. Stattdessen wollten wir immer Spaß für die ganze Familie machen – und freuten uns, wenn Eltern ihre Kinder mit in unsere Vorstellungen brachten und uns hinterher erzählten, auch sie seien schon mit ihren Eltern bei uns gewesen – damals im *Mautkeller* oder im Stadtpark. Das war das schönste Kompliment, das wir bekommen konnten. Auch wenn wir uns dabei manchmal verdammt alt vorkamen. So beschlossen wir, uns von unserer Agentur zu trennen und wieder in den »Normalbetrieb« zurückzukehren, der hoffentlich noch viele Jahre anhält – und der uns unseretwegen auch mal wieder in Umkleidekabinen von Mehrzweckhallen führen kann.

## Martin Rassau

# Mehr als nur Humor: Unsere Engagements abseits der Bühne und wie es mit uns weitergeht

In all den Jahren, Volker und ich haben das neulich mal ausgerechnet, absolvierten wir bislang rund 10.000 gemeinsame Auftritte. Dazu kamen von jedem von uns ungefähr noch mal mindestens 2.000 Solo-Shows. Allein damit dürften wir grob geschätzt mindestens 4,5 Millionen Menschen erreicht haben – plus ungefähr 1 Milliarde Fernsehzuschauer, die alles in allem die Sendungen einschalteten, in denen wir mit dabei waren. Das sind natürlich bloß Zahlenspielereien. Aber ich leugne nicht, dass uns diese Statistiken durchaus mit Stolz erfüllten – vor allem aber mit tiefer Demut, dass wir eine solch lange Zeit unseren absoluten Traumberuf ausüben konnten und hoffentlich noch weiter können.

Obwohl wir angesichts von manchmal 300 und mehr Terminen pro Jahr also über ein ausgefülltes Berufsleben verfügen, war für uns beide von Anfang an klar, dass wir uns auch abseits der Bühne einbringen wollten; wenn auch aus unterschiedlichen Gründen. Während Volker seit seiner Kindheit kirchlich engagiert und in seinem christlichen Glauben tief verwurzelt war, führten bei mir als bekennendem Atheisten und Humanisten andere Auslöser zu bestimmten ehrenamtlichen Aktivitäten. Zum Beispiel die Aids-Krise der 80er-Jahre. Durch meine verständnisvollen und toleranten Eltern hatte ich das große Glück, nicht verbergen zu müssen, schwul zu sein. Ich konnte mich als junger Mann ganz ohne Heimlichtuerei in der queeren Community bewegen, aber was zunächst mit unbeschwerten Partys begann, wandelte sich schnell zu einer riesengroßen Angst. Bei nahezu jedem Streifzug durch unsere Kneipen raunte mir einer meiner Bekannten Nachrichten wie diese zu:

»Hast du schon gehört? Der Gerry ist gestorben.«

»Mensch, stell dir vor – den Tommy hat's erwischt.«

»Du, ich glaub, beim Werner geht's nicht mehr lange.«

Plötzlich standen wir gefühlt nur noch auf Beerdigungen und blieben jedes Mal fassungslos zurück, dass ein junges Leben einfach so zu Ende gehen musste, während Volker und andere Freunde von mir auf fröhlichen Hochzeiten oder launigen Geburtstagen eingeladen waren. Es war die gruselige Zeit, in der sich etwa CSU-Politiker Peter Gauweiler wünschte, dass Menschen, die sich mit dem HI-Virus angesteckt hatten, in geschlossene Lager eingewiesen werden sollten. Dafür entwickelte sich inmitten dieser düsteren Kulisse die Szene hervorragend: Es bildeten sich Selbsthilfegruppen, die wertvolle Aufklärungsarbeit leisteten. Die Solidarität untereinander wuchs mit jedem Todesfall weiter an, und der großartige Einsatz von Lady Diana motivierte viele von uns, sich zu engagieren. Also beschloss auch ich, mich für die Aidshilfe einzusetzen und Spenden zu sammeln, wann immer sich die Gelegenheit dazu ergab. Das war für einen jungen Künstler, noch dazu einen Komödianten, nicht ganz ohne Risiko. Die Stimmung in manchen Teilen der Bevölkerung gerade in Bayern war auch wegen Leuten wie Gauweiler beinahe toxisch, aber Hassbriefe und Beschimpfungen konnten mich nicht davon abhalten, mich in dieser Form zu betätigen. Mein Einsatz dort endete erst durch einen Schicksalsschlag, der auch das Leben meiner Familie für immer verändern sollte.

Volker und ich waren gerade mit einem befreundeten Ehepaar in Bremen, um uns das Musical *Jekyll & Hyde* anzusehen, das im Jahr 2000 dort angelaufen war. Gregor und Ilse, die beide eine traditionsreiche Kompassfabrik in Fürth leiteten und die knapp drei Jahrzehnte mehr auf dem Buckel hatten als wir, waren beinahe von Beginn an treue Begleiter unseres künstlerischen Weges, und als Volkers Papa ein Jahr später überraschend starb, wurde Gregor beinahe so etwas wie ein väterlicher Freund und Ratgeber für ihn. An diesem Wochenende aber, auf das wir uns wochenlang gefreut und als Belohnung für die anstrengende Zeit zuvor extra ins mondäne *Parkhotel* eingebucht hatten, waren keine dunklen Wolken am Horizont zu erkennen – bis ich einen Anruf aus Fürth erhielt.

»Harald ist im Krankenhaus«, berichtete meine Mutter.

Nun war es so, dass mein vier Jahre älterer Bruder – wir waren insgesamt vier Geschwister, von denen ich das Nesthäkchen war – leider eine lange Krankengeschichte zu verzeichnen hatte. Er litt an einem Loch im Trommelfell, weshalb er schon als Kind regelmäßig zu Klinikaufenthalten gezwungen war. Von daher maß ich der Nachricht, dass sich Harald abermals behandeln lassen musste, zunächst keine allzu große Bedeutung bei. Ich versuchte, Mama zu beruhigen – und mich selbst auch. Am nächsten Tag standen wir am Bremer Hauptbahnhof und warteten auf den Zug. Wir wollten ohnehin nach Fürth zurück, weil Volker Geburtstag und für den Abend einige Freunde in die *Comödie* eingeladen hatte. Gerade als wir in den ICE eingestiegen waren, klingelte mein Handy erneut. Diesmal war Andreas am Apparat, mein ältester Bruder.

»Martin, sitzt du schon?«, fragte er leise, und obwohl ich mir bis dahin keine allzu großen Sorgen gemacht hatte, ahnte ich schlagartig, was nun kommen würde. Ich atmete tief durch, setzte mich auf meinen Platz, und Andreas berichtete, dass Harald vor wenigen Minuten gestorben war. Danach war Stille. Am Telefon, aber auch in meinem Kopf. Die fünfstündige Rückfahrt fühlte sich an, als würden wir permanent durch einen Tunnel fahren. Ich konnte nicht begreifen, was da gerade passiert war. Noch am Vorabend, als wir zu viert in Volkers Geburtstag hineingefeiert hatten, hatte sich alles so fröhlich und unbeschwert angefühlt. Und mit einem Schlag war klar, dass unsere Familie nie wieder so sein würde wie zuvor. Wie sich herausstellte, litt Harald an Hepatitis C, was zu einer Leberzirrhose im Endstadium geführt hatte. Offenbar hatte er jahrelang nicht bemerkt, dass seine Leber durch diese chronische Entzündung nach und nach zerstört wurde, und Beschwerden immer als harmlose Symptome einer Magenverstimmung oder von etwas Ähnlichem abgetan.

Die folgenden Tage waren schrecklich. Eigentlich musste ich mich auf meine Premiere von *Was waas denn iich?* vorbereiten, die in wenigen Tagen anstand. Aber natürlich galt es erst einmal, gemeinsam mit der Familie die Beerdigung zu organisieren und vor allem die Geschehnisse zu realisieren. Daheim herrschte Fassungslosigkeit und Sprachlosigkeit. Erst nachdem wir Harald zu Grabe getragen hatten, fing ich an, das Geschehene langsam zu begreifen und mich mit dem Thema Hepatitis auseinanderzusetzen. Besonders ärgerte ich mich darüber, dass es hinter unserem Rücken Getuschel darüber gab, die Ursache für die Erkrankung könne doch nur mit einem ausschweifenden Sexualleben oder übermäßigem Alkoholkonsum zusammenhängen. Dabei hatte sich mein Bruder aller Wahrscheinlichkeit nach bereits in seiner Kindheit bei einem der vielen Krankenhausaufenthalte mit diesem heimtückischen Virus angesteckt. Darüber und über viele andere Zusammenhänge klärte uns Susanne Nückles auf, die uns als Leiterin der Hepatitishilfe Mittelfranken damals zur Seite stand. Sie sprach viel vor allem mit meinen Eltern und half uns, den Tod von Harald zu verstehen und zu verwinden. Allerdings bleibt Volkers Geburtstag für mich immer auch mit dem Todestag meines Bruders verbunden. Wieder so ein Beispiel dafür, wie nah Freud und Leid im Leben beieinanderliegen können.

Da eine HIV-Infektion inzwischen durch immer effektivere Behandlungsmethoden glücklicherweise nicht mehr ganz so bedrohlich war wie noch zehn Jahre zuvor und *zwei* ernst gemeinte Engagements auf keinen Fall mit meinem Beruf vereinbar gewesen wären, beschloss ich, mich künftig eher für Susanne und ihren Verein einzusetzen. Erstens wollte ich eine Stigmatisierung von Betroffenen, wie wir sie als Familie erfahren hatten, verhindern helfen. Außerdem konnten sie und ihre ehrenamtlichen Mitstreiter immer finanzielle Zuwendungen gebrauchen, um ihre wertvolle Arbeit überhaupt fortsetzen zu können. Folglich überredete ich Volker zu vielen Benefiz-Auftritten: So setzten wir uns unentgeltlich stundenlang zu PR-Zwecken an die Kasse einer Drogerie in der Fürther Innenstadt, traten auf Veranstaltungen des Vereins ohne Gage auf oder sammelten auf unseren eigenen Events Spenden ein, die ich dann an Susanne weiterreichen konnte. Volker machte stets bereitwillig mit, aber ich hatte bei ihm auch einiges gut. Denn er schleppte mich im Gegenzug schon viele Jahre immer am Rosenmontag in den Altenklub.

Dort, in seiner Heimatgemeinde St. Paul, war er schon von Kindesbeinen an aufgetreten, um stets zum Faschingsausklang die anwesenden Senioren zu bespaßen. Erst sang er dort alleine, später nahm er Marcel mit, und die beiden trugen Auszüge aus ihrer *Marcel & Volker-Show* vor. Und schließlich standen eben nur mehr *Heißmann & Rassau* auf dem Veranstaltungsplan. Zunächst nahm ich an, dass wir nur ein einziges Mal dort spielen würden. Aber kaum waren wir nach getaner Arbeit aus der Tür hinausgegangen, waren wir schon für das kommende Jahr eingeplant. Daraus entwickelte sich eine über drei Jahrzehnte währende Tradition, die bis heute anhält.

Allerdings waren diese Gastspiele nicht immer ganz einfach, denn meistens waren einige der älteren Menschen bereits pflegebedürftig und entsprechend nicht mehr in der Lage, uns lückenlos zu folgen. Manche schliefen ein, andere verstanden uns akustisch nicht und wieder andere kapierten Zusammenhänge nicht mehr so gut. Trotzdem oder gerade deshalb erlebten wir immer wieder ergreifende Augenblicke, wenn wir bemerkten, wie sich viele der etwas rüstigeren Omas und Opas dann doch großartig amüsierten oder sie sich eigens für uns in Schale geschmissen und kostümiert hatten. Auch für die netten Betreuer waren diese Rosenmontage immer etwas Besonderes, und die für uns beiseitegelegten Krapfen wurden von ihnen ebenso rigoros verteidigt wie die obligatorische Flasche Wein, die wir als Honorar für jeden Auftritt erhielten.

Aus einer Aktion zugunsten des barrierefreien Zugangs zur Paulskirche entsprang bei Volker sogar die Idee für eine eigene Veranstaltungsreihe. Der damalige Gemeindepfarrer Martin Adel bat ihn, ein Konzert durchzuführen, dessen Kartenerlös für den teuren Umbau des Eingangs herangezogen werden konnte. Volker, der sich lange auch als Kirchenvorstand betätigt hatte, stimmte natürlich zu und erdachte sich dafür das Konzept *Introitus Interruptus* mit kirchlichen und weltlichen Liedern sowie heiteren und nachdenklichen Geschichten rund um seinen Glauben. Was an sich als einmalige Angelegenheit gedacht war, führt er seitdem mit großem Erfolg in vielen Kirchen in ganz Bayern auf. Und auch wenn ich mit dem lieben Gott nicht allzu viel anfangen kann, muss ich sagen, dass ich dieses Konzept außerordentlich stimmungsvoll finde. Die Kollekten jedenfalls, die an diesen Abenden eingesammelt werden, sollen regelmäßig höher sein als an Weihnachten. Das habe ich zumindest gehört.

Mein Engagement für die Hepatitishilfe führte ich knapp 20 Jahre fort. Dann erkrankte Susanne an Zungenkrebs. Es war wie so oft eine bittere Ironie, dass das Schicksal ausgerechnet solche Menschen am härtesten zu treffen schien, die sich ihr gesamtes Leben vorwiegend für andere einsetzten. Sie kämpfte immer mit vollem Einsatz – und verlor am Ende ihren eigenen Kampf. Durch sie kam ich erstmals intensiver mit dem Thema Hospizarbeit in Kontakt. Ihr Sohn, einige enge Freunde und ich hatten geplant, Susanne für ihre letzten Wochen in einem Hospiz unterzubringen. Dazu kam es dann nicht mehr, weil sie kurz vor Weihnachten 2019 im Alter von nur 57 Jahren auf einer Palliativstation starb. Aber ich hatte auf diese Weise den Hospizverein Region Fürth kennengelernt, der ausgerechnet von meinem früheren Hausarzt geleitet wurde. Der Tod an sich war mir bereits vorher recht gut geläufig – aufgrund meiner Arbeit für die Aidshilfe und erst recht, nachdem Harald von uns gegangen war. Und durch unsere vielen gemeinsamen Auftritte bekamen auch Volker und ich immer wieder Berührungspunkte mit ihm, wenn man das so sagen kann. Nur weil wir Komödianten sind, kommen wir schließlich nicht ums Sterben herum.

Wir erhalten noch immer regelmäßig Briefe von Menschen, die uns schreiben, dass sie ein schweres Leiden oder nicht mehr lange zu leben haben – und die uns noch einmal sehen wollen. Das ist einerseits ein so trauriges wie wunderschönes Kompliment. Andererseits bestätigt das unseren Leitspruch, dass Lachen und Weinen gar nicht so weit auseinanderliegen. Volker kann sich dies durch die Bibel herleiten, ich halte es hingegen mit Christian Morgenstern, der sagte: »Lachen tötet die Furcht.« Genauso ist es auch. Ich erinnere mich an eine sterbenskranke Frau, die vor einigen Jahren mit letzter Kraft zu einem unserer Auftritte gekommen war und der man leider angesehen hatte, dass ihre Zeit bald zu Ende ging. Aber sie wollte noch einmal einen unbeschwerten Abend verbringen, ohne an Krebs, Chemotherapien oder Medikamente denken zu müssen. Sie lachte Tränen an jenem

Tag, und kurze Zeit später ist sie dann tatsächlich gestorben. Der Gedanke, dass sie dies vielleicht trotz aller Beschwernisse der letzten Jahre mit einem heiteren Herzen tat, war ein schöner Trost für alle, die sie liebten, und auch für uns.

Auch der »Wünschewagen« bietet derartige Momente. Dieses Projekt hatte Volker durch seine Tätigkeit bei der *BR*-Benefizaktion »Sternstunden«, die er seit vielen Jahren moderiert, kennengelernt, und es ist eine wirklich gute Idee: Hier bekommen Todkranke vom Kleinkind bis zum Senior ihren letzten Wunsch erfüllt, und wenn dieser dann mit uns zu tun hat, rührt uns das immer sehr. In dem Zusammenhang fällt mir vor allem Gerd ein, der mit 60 Jahren ebenfalls unheilbar erkrankt war und noch einmal die *Fastnacht in Franken* live vor Ort erleben wollte. Allein hätte er es aufgrund seiner starken Schmerzen nicht mehr geschafft. Durch den betreuten Transport in dem liebevoll umgestalteten Krankenwagen war es aber möglich, ihn von seinem Heimatort Schweinfurt nach Veitshöchheim zu bringen, wo er von seiner Frau, unseren Kollegen Michl Müller und Sebastian Reich und uns als Waltraud und Mariechen empfangen wurde. Anschließend konnte Gerd mit seiner Familie die Generalprobe im Saal verfolgen, und ein Blick in seine Augen verriet uns, dass er gerade trotz seiner schlimmen Krankheit sehr glücklich war. Natürlich können wir zu unserem Bedauern aus zeitlichen oder organisatorischen Gründen nicht jeder Anfrage nachkommen. Doch wann immer wir solche Projekte unterstützen können, denken wir nicht lange nach und sagen zu.

Jedenfalls war ich durch Susanne beeindruckt, welch herausragende Arbeit in dem Hospiz geleistet wurde, in dem sie ihre letzten Wochen verbrachte. Bis zu diesem Zeitpunkt dachte auch ich, dass man in solche Einrichtungen eben zum Sterben hinging. Aber im Rahmen meiner Besuche bei ihr stellte ich fest, dass es dort vielmehr ums Leben ging –

indem man jenes Leben, das noch vorhanden war, so schön und unbeschwert wie nur möglich gestaltete. Ich entwickelte eine Hochachtung für die Mitarbeiter, die sich dort bis zur Erschöpfung bemühten, eine freundliche, lebensbejahende Atmosphäre zu schaffen und den Bewohnern ein Gefühl der Geborgenheit zu geben, ganz so, wie es Susanne selbst früher in ihrem Bereich stets getan hatte. Deshalb erklärte ich mich bereit, mich als Botschafter für den Hospizverein in Fürth zu engagieren. Seitdem helfe ich, die Sensibilität für die Notwendigkeit solcher Einrichtungen zu verbessern – und natürlich auch Spenden zu sammeln, denn an Geld für geeignete Pflegebetten und andere notwendige Utensilien fehlt es solchen Institutionen leider an allen Ecken und Enden. Der Tod ist eben immer noch ein Tabuthema in unserer Gesellschaft, und wenn ich das durch mein Zutun zumindest ein Stück weit verändern kann, ist schon sehr viel gewonnen.

Es war für uns immer eine Selbstverständlichkeit, unsere Bekanntheit auch dafür zu nutzen, uns für gesellschaftliche oder soziale Belange einzusetzen – ganz ohne Hintergedanken und ohne jeden einzelnen honorarfreien Auftritt für den guten Zweck an die große Glocke zu hängen. Sondern einfach deshalb, weil Volker und ich der festen Meinung sind, im Leben anders als viele andere Menschen sehr viel Glück gehabt und deshalb die Verpflichtung zu haben, zumindest ein Stück davon zurückgeben zu müssen. Umso schöner war der Anruf aus dem Fürther Rathaus, der uns im Jahr 2007 erreichte. Oberbürgermeister Thomas Jung war am Apparat und teilte uns mit, dass der Ältestenrat unserer Heimatstadt auf seinen Vorschlag hin beschlossen hatte, uns die Goldene Bürgermedaille zu verleihen, die nur an 18 lebende Fürther Bürger gleichzeitig vergeben werden konnte. Vor uns hatten Persönlichkeiten wie Ludwig Erhard, Max Grundig oder Gustav und Grete Schickedanz eine solche Medaille bekommen. Und nun sollten wir zwei kleinen Komiker ausgezeichnet werden und uns in einer Reihe befinden mit Friedensnobelpreisträger Henry Kissinger, honorigen Unternehmern oder früheren Politgrößen.

In der Satzung hieß es, dass die Goldene Bürgermedaille nur erhielt, wer entweder »allgemeines Ansehen« genoss oder sich durch »hervorragende Leistungen auf wirtschaftlichem, kulturellem oder karitativem Gebiet oder des öffentlichen Lebens« um das Ansehen und das allgemeine Wohl der Stadt Fürth besondere Verdienste erworben hatte. Konkret begründete Thomas Jung seinen Vorschlag damit, wir hätten die Stadt bundesweit bekannt gemacht und mit der Gründung der *Comödie* Mut, Gespür und Weitsicht bewiesen. Wir waren einigermaßen baff, allerdings gab es angesichts des bevorstehenden Wahlkampfes einige Misstöne um die Verleihung. Die CSU verkündete über die Tageszeitung, dass sie uns mit unseren damals 38 beziehungsweise 40 Jahren zu jung für den Preis hielt, und erklärte, der Abstimmung fernzubleiben. Das schmerzte natürlich ein wenig, denn in unseren Augen war das Alter an sich ebenso wenig ein Verdienst wie die Jugend ein Makel. Trotzdem ließen wir uns die Freude über diese Ehrung nicht vermiesen.

Viele Jahre später war es mit Markus Söder dann ausgerechnet ein CSU-Politiker, der uns 2018 den Bayerischen Verdienstorden verlieh. Jemand aus seinem Stab hatte wohl ausgerechnet, dass wir im Laufe der Zeit über 1 Million Euro an Hilfsgeldern eingespielt hatten, was uns so zuvor gar nicht bewusst war. Als Volker und ich in für uns sehr ungewohnten dunklen, höchst seriösen Anzügen in der ehrwürdigen Münchner Residenz standen und das hellblaue Band mit dem Orden um den Hals gehängt bekamen, hatten wir beide durchaus einen kleinen Kloß im Hals. Diese höchst offizielle Auszeichnung für unser Wirken fühlte sich tatsächlich wie ein kleiner Ritterschlag an.

Wir erinnerten uns daran, wie Söder am Anfang seiner politischen Karriere als junger Landtagskandidat zu unseren Premieren kam; erst in den *Mautkeller* und später in den Stadtpark. Jedes Mal wunderten wir uns, warum er immer nur bis zur Pause blieb und anschließend unauffällig verschwand, bis er uns eines Tages erklärte, dass er noch zwei oder drei weitere Veranstaltungen am selben Abend besuchen musste, um möglichst viele Termine wahrnehmen zu können. Später gab es kaum eine Prunksitzung in Veitshöchheim, wo wir ihn dank seiner öffentlichkeitswirksamen Ideen als Generalsekretär, Europa-, Umwelt- oder Finanzminister nicht mit frechen Sprüchen überzogen. Nun stand er uns als Ministerpräsident gegenüber und hielt die Laudatio für uns und die anderen Ordensträger. Es war schon seltsam, wie das Leben manchmal spielte.

»Der Orden schützt aber nicht vor unseren scharfen Zungen«, flüsterte ich Söder zu, und wir lachten beide.

Mehr noch als wir waren unsere Mütter damals ergriffen, und auch wenn unsere beiden Väter zeit ihres Lebens keinen allzu großen Wert auf unser öffentliches Ansehen oder gar etwaigen Ruhm gelegt und uns durch diese bemerkenswerte Haltung überhaupt erst unsere Laufbahnen ermöglicht hatten, waren wir sicher, dass sie ebenfalls stolz auf ihre Jungs gewesen wären.

Sehr gefreut haben wir uns aber auch über weniger prominente Ehrungen. Dass wir als erste Künstler überhaupt in Bayern mit dem Dialektpreis bedacht wurden, empfanden wir als außergewöhnliche Ehre. Schließlich waren die Franken im Freistaat sehr lange im Hintertreffen und fristeten sowohl politisch, wirtschaftlich, aber auch kulturell ein regelrechtes Schattendasein. Bei unseren Anfängen als Theaterbetreiber wäre es vermutlich niemals möglich gewesen, dass der *BR* abseits der Regionalfenster landesweite Unterhaltungssendungen aus Nürnberg oder gar Fürth ausstrahlte. Wir aber verdankten unserer fränkischen Herkunft einen Großteil unseres Erfolges. Erstens sind wir Franken unserer jahrzehntelangen Beobachtung nach durchweg humorvolle und feinsinnige Menschen, die nur eines nicht leiden können: Oberflächlichkeit. Und außerdem stießen wir mit unserer Art der Unterhaltung gewissermaßen in eine Marktlücke, weil es seit Herbert Hisel und den Nürnberger Peterlesboum in den 60er- und 70er-Jahren kaum noch wahrnehmbare Komödianten aus unserer schönen Region gegeben hatte. Wir verstanden ohnehin nie, warum sich manche unserer Landsleute gerne kleiner machten als nötig und sich im Gegensatz zu den grundsätzlich sehr selbstbewusst auftretenden Altbayern gerade auch aus der Kulturbranche oftmals versteckten. Den Dialektpreis an uns empfanden wir als tolles Zeichen, dass diese Zeiten ein für alle Mal vorbei waren.

Die Freimaurerloge zur Wahrheit und Freundschaft verlieh uns mal den »Preis für vorbildliche Mitmenschlichkeit«. Die Zeremonie im Fürther Logenhaus fand keine überregionale Beachtung, aber darüber freuten wir uns mehr als über manche offizielle Auszeichnung – weil sie von Herzen kam und uns in unserem Tun abseits der Bühne abermals bestärkte. Für die bayerische »Pflanze des Jahres« 2022, eine Garten-Gerbera in fünf bunten Farben namens »Sunny Sister«, wurden wir zu Taufpaten ernannt. Und zwei Jahre zuvor durften Volker und ich die Schirmherren des ersten »Tags der fränkischen Bratwurst« geben, worauf ich im Anschluss in Bayreuth von der altehrwürdigen und ursprünglich aus Frankreich stammenden Brüderschaft »Confrérie des Chevaliers du Goûte-Andouille de Jargeau« zum »Ritter der Bratwurst«, geschlagen wurde. Was lustig und vor allem nach viel Fleischgenuss klingt, bedeutet mir tatsächlich viel, denn bei diesem Titel geht es weniger um das Essen an sich, sondern die Würdigung echter und traditioneller Handwerkskunst. Und davon gibt es mittlerweile leider auf allen Ebenen viel zu wenig.

Unsere Karriere und damit auch all die Preise und Würdigungen wären nicht möglich gewesen ohne die vielen Menschen, die uns in den vergangenen vier Jahrzehnten so großartig unterstützten. Da wären zunächst unsere Geschäftspartner, Mitgesellschafter und vor allem Freunde Urmel und Marcel. Urmel, der als vielseitig einsetzbare Allzweckwaffe anfing und später im Stadtpark von der Technik bis zur Nebenrolle nahezu alles übernommen hatte, leitet heute zusammen mit seiner Frau Silke das *Grüner Brauhaus*, das wir vor fast zehn Jahren eröffneten. Was zuvor als Theatergastronomie mehr schlecht als recht funktionierte, ist seitdem eine eigene Attraktion geworden, und selbst wir müssen an manchen Tagen zusehen, dort überhaupt einen Platz zu bekommen. Im Sommer bewirtschaften die beiden auch noch den *Felsenkeller* im Fürther Stadtwald, und inzwischen helfen auch ihre zwei Töchter mit. Marcel wiederum prägte unser gesamtes Erscheinungsbild nach außen. Er, der Volkers Bühnenlaufbahn sogar noch vor mir begleitete, erfand nach seiner Rückkehr unser berühmtes Logo und ist verantwortlich für all unsere Werbeaktivitäten. Auf der Bühne verkörperte er vom verhinderten Mafioso bis zum geheimen Liebhaber schon jede Menge schräge Vögel, dazu organisiert er nahezu im Alleingang das *Fürth Festival* und alle zwei Jahre unseren großen Sommernachtsball. Ohne diese beiden, so viel ist klar, hätten wir die *Comödie* niemals aufbauen können.

Claudia und Alex sind die guten Seelen unseres Büros und bewahren selbst in noch so turbulenten Situationen die Ruhe. Die beiden fingen als junge Servicekräfte im Stadtpark an, zogen mit uns erst an den Helmplatz und später ins Berolzheimerianum um und wuchsen seitdem mit ihren immer größer werdenden Aufgaben. Auch mit ihnen haben wir viele Schicksalsschläge gemeistert und manche Träne zusammen geweint, noch mehr aber haben wir mit ihnen gelacht und tun dies noch immer. Unsere Direktorin Eva bewarb sich einst von einer Stelle bei einem großen Textilfilialisten aus bei uns – und wurde im Laufe der folgenden 20 Jahre zu einer weithin anerkannten Kulturmanagerin. Als sie uns aus privaten Gründen verließ, stellte sie schnell fest, dass ihr die *Comödie* mehr fehlte, als sie dachte, und nun sind wir sehr froh, sie inzwischen wieder bei uns zu haben.

Gabriel, unser quirliger Halbkanare, brachte sich autodidaktisch die kompliziertesten Dinge bei und ist mittlerweile eine beinahe graue Eminenz in Sachen Ticketing. Tom leitet zusammen mit seinem eingespielten Team um Willi und Andrea unser Ladengeschäft *Franken Ticket*, das sich nun mitten in der Fußgängerzone befindet und ist immer dann im Einsatz, wenn irgendwo Hilfe benötigt wird. Ohne Ralf und Erik, unsere Techniker, wären bei uns im wahrsten Sinne des Wortes schon lange nicht nur die Lichter ausgegangen, und angesichts ihrer Arbeitszeiten ist es ein Wunder, dass sie ein funktionierendes Privatleben haben. Steffi schließlich brachte nicht nur den Wiener Schmäh sowie unser inoffizielles Maskottchen, ihre quirlige Beagle-Dame Rosi, in unser Haus, sondern als Dramaturgin und Regisseurin auch jede Menge Kreativität und künstlerisches Geschick. Sie ist glücklich, wenn sie ihre herrlich detailverliebten Requisiten basteln kann, und unglücklich, wenn wir uns mal wieder nicht an ihre Anweisungen halten. Am Ende jedoch kam bislang noch jedes Mal ein tolles Stück bei unserer Zusammenarbeit heraus. Auch unseren Christof haben wir aus Österreich importiert – er hat sich vom Gastroleiter zum Chefbuchhalter und Experten für Personalangelegenheiten gemausert. Ihnen und all den anderen, die wir nicht an dieser Stelle nennen können, gebührt unser Dank. Sie sind wie eine Familie für uns geworden.

Unsere eigentlichen Familien indes sind die Wurzeln von allem. Sowohl Volker als auch ich wurden von Eltern großgezogen, die – wenn auch sicherlich manchmal mit Bauchschmerzen und mal kleineren, mal größeren Bedenken – nahezu bedingungslos an uns glaubten. Hätten Walter und Marlene Heißmann oder mein Papa Albert und meine Mama Theresia auch nur ein Mal kategorisch »Nein« gesagt zu unseren anfangs tollkühnen Plänen, hätte es uns als Solokünstler wohl nie gegeben und als Duo schon gar nicht. Und wer hätte es ihnen verdenken können, ihren noch nicht einmal volljährigen Buben auszureden, einen solch unsteten Beruf zu ergreifen wie den eines Schauspielers oder gar Komödianten. Bei den meisten unserer Freunde und Bekannten setzten sich die strengen Elternteile durch mit der Folge, dass Berufswünsche welcher Art auch immer allzu oft auf der Strecke blieben. Natürlich hätten wir auch als Hotelkaufmann und pharmazeutisch-kaufmännischer Angestellter ein zufriedenes Leben führen können, aber hundertprozentig glücklich wären wir vermutlich nicht geworden mit dieser Sehnsucht, die bei uns beiden von Kindesbeinen an vorhanden war.

Es klingt zwar kitschig, aber in der Tat leben wir beide unseren Traum. Zwar denken viele, dass Kulturschaffende wie wir allenfalls abends zwei Stündchen auf die Bühne steigen und ansonsten nichts weiter zu tun haben, als die üppigen Gagen zu verprassen. Das aber ist natürlich ein völliger Trugschluss: Erstens gehört zu jedem Auftritt eine gewisse Vor- und Nachbereitung, und nicht selten ist es 1 oder 2 Uhr nachts, bis wir zu Hause sind oder endlich im Hotelbett liegen, nachdem wir alles zusammengeräumt, eingepackt und uns besprochen haben. Zweitens tragen wir die unternehmerische Verantwortung, dafür zu sorgen, dass unser Geschäft weiterhin funktioniert. Im Prinzip üben wir an den meisten Tagen im Monat zusätzlich zu unseren Vorstellungen einen recht langweiligen Bürojob aus, mit teils sehr unkreativen buchhalterischen oder organisatorischen Aufgaben. Drittens haben wir so gut wie nie ein freies Wochenende, weil Freitag, Samstag und Sonntag schlichtweg die stärksten Tage für Veranstaltungen sind und wir naturgemäß dann arbeiten müssen, wenn andere Menschen ihre Freizeit genießen – idealerweise sogar bei uns. Und viertens leben wir zwar einigermaßen komfortabel durch unseren Beruf – reich sind wir aber nicht geworden: Wir zahlen uns jeden Monat ein ganz normales Gehalt aus und stecken ansonsten jeden Euro in den Theaterbetrieb. Unsere *Comödie* in die Zukunft zu führen und vielleicht eines fernen Tages in jüngere Hände zu geben, wird die wohl anspruchsvollste Aufgabe für die nächsten Jahre werden.

Abgesehen davon jedoch können wir uns nichts Schöneres vorstellen, als für unser Publikum zu spielen und in Rollen zu schlüpfen, die uns Freude bereiten oder faszinieren. In den letzten Jahren haben wir uns peu à peu an immer anspruchsvollere Stücke herangetastet, weil wir uns künstlerisch weiterentwickeln wollten. Vielleicht wird das in der Öffentlichkeit manchmal verkannt, aber auch wenn wir bis zu unserem letzten Atemzug leidenschaftliche Spaßmacher bleiben werden, wollen wir gelegentlich mal ausbrechen aus diesem Korsett und uns heranwagen an kompliziertere Stoffe. Als wir beschlossen, das berühmte Broadway-Musical *Ein Käfig voller Narren* in unserem Theater umzusetzen, mit einem für unsere Verhältnisse abenteuerlichen Budget, haben uns selbst wohlwollende Wegbegleiter für verrückt erklärt. Ein solches Spektakel mit einem vergleichsweise tiefgängigen Thema, noch dazu mit einem extrem aufwendigen Bühnenbild, üppigen Kostümen, eigens eingespielter Musik und einem großen Ensemble – das konnte doch nicht gut gehen in einem Haus, in dem normalerweise Gags im Minutentakt abgefeuert werden und sich irgendeiner immer gerade hinter dem Sofa versteckt. Doch ausgerechnet der *Käfig* wurde unsere bislang erfolgreichste Produktion, und die Standing Ovations nach der Premiere, vor der wir aufgeregt waren wie am allerersten Abend im *Mautkeller*, trieben uns die Freudentränen in die Augen – und unseren Müttern ebenfalls.

Auch die *Lustige Witwe* nach Franz Lehár oder das *Weiße Rössl* von Ralph Benatzky hätten uns viele vermutlich nicht zugetraut. Die Schublade jedoch, in die wir immer gesteckt werden, ist größer, als manche denken. Wir jedenfalls spüren nach wie vor eine unbändige Freude, neue Dinge auszuprobieren und Charaktere zu verkörpern, die weit vom reinen Klamauk entfernt sind. Trotzdem werden selbstverständlich immer mal wieder Waltraud und Mariechen bei uns vorbeischauen oder Georg und Anneliese Kaltengruber. Sie sind für uns wie schrullige Familienmitglieder, die man nicht jeden Tag um sich haben muss, die einem aber auch irgendwie fehlen, wenn man sie mal länger nicht gesehen hat.

Andererseits zahlen wir beide auch einen gewissen Preis für das alles. Wir haben leider viel zu wenig Zeit für ein ausgefülltes Privatleben, das jedenfalls bei mir nur dank eines verständnisvollen Partners funktioniert, der in der Gastronomie tätig ist und dadurch zu ähnlich freizeitfeindlichen Zeiten arbeiten muss. Volker und ich jedoch sehen uns häufiger als jeden anderen Menschen. Auch das ist nicht immer ganz einfach, aber wir haben eine gute Methode entwickelt, uns zurückzuziehen, wenn wir mal unsere Ruhe voneinander brauchen. Wer sich so lange praktisch blind versteht wie wir und im Grunde genommen keinerlei Geheimnisse mehr vor dem anderen verbergen kann, bemerkt auch, wenn es einem mal reicht. Und wenn wir uns in der Künstlergarderobe, hinter der Bühne, im Fernsehstudio oder während der Zehntausende von Kilometern, die wir jedes Jahr zusammen im Auto verbringen, mal eine Stunde anschweigen, ist auch keiner mehr beleidigt. Dafür gehören wir inzwischen längst gegenseitig zu unseren Familien wie meine Brüder Andreas und Stephan mit deren Anhang oder Volkers Schwester Birgit mit ihrem Mann Albert und den Kindern André und Philip. Birgit musste, das hat mir Volker immer wieder erzählt, oft zurückstecken zu Hause, weil sich vieles nur um ihren Bruder drehte – viel mehr, als das bei uns daheim der Fall war –, und war ihm nie gram deswegen.

Wir leiden miteinander, so wie beim Tod von Harald oder unseren Vätern – und wir freuen uns gemeinsam, wenn es etwas zu feiern gibt. Trotzdem ist es verrückt, dass wir es so lange zusammen ausgehalten haben, denn eigentlich sind wir bis auf unser Humorverständnis grundverschieden. Über unsere unterschiedlichen Herangehensweisen hinsichtlich der Vorbereitung und Planung unserer Shows haben wir ja schon geschrieben, und noch immer prallen da gelegentlich Welten aufeinander, wenn wir beispielsweise neue Stücke inszenieren. Während Volker nahezu in jeder freien Minute unterwegs ist, bin ich froh, wenn ich ausnahmsweise einen gemütlichen Abend auf dem Sofa verbringen kann. Er kocht gerne daheim, ich lasse mich lieber im Restaurant bekochen. Volker wandert, fährt Ski und geht segeln, ich dagegen ziehe lieber aus der Ruhe meine Kraft. Ich muss auch jedes Mal schmunzeln, wenn sich Volker mal wieder nach Wien, Hamburg oder London aufmacht zu einem Konzert von Michael Bublé, André Rieu oder Helmut Lotti, weil ich solchen Mega-Events nur recht wenig abgewinnen kann. Und auch in den Fürther Ronhof, wo er bei jeder Gelegenheit mit seiner heiß geliebten Spielvereinigung mitfiebert, zu deren Präsident er vor einiger Zeit auch noch ernannt worden ist, zieht es mich eher selten – mit Fußball kann ich beim besten Willen nix anfangen. Dafür lässt er mir meine Vorlieben für Wagner, Verdi und Puccini und schimpft mich nicht, wenn ich ihm mal wieder hinterherräume, weil ich Unordnung und Chaos nicht ausstehen kann. Aber vielleicht waren und sind diese ganzen Gegensätze, wenn man so will, auch immer unser Erfolgsgeheimnis.

Was uns in den letzten Jahren etwas stört, ist, dass einige wenige Zeitgenossen glauben, wir stünden rund um die Uhr zu ihrer Verfügung. Nicht in jeder Situation mag man eben für ein lustiges Selfie posieren, zwischen Tür und Angel ein Dutzend Autogrammkarten für die gesamte Verwandtschaft unterschreiben oder sich einen Witz erzählen lassen, den man unbedingt in das nächste Programm einbauen muss. Auch wenn es nicht jeder glauben mag, aber selbst wir haben hin und wieder schlechte Laune, essen unser Schäuferla gerne in Ruhe und verfügen unmittelbar vor einem Auftritt auch meistens über ganz wenig Zeit für eine kleine, ungezwungene Plauderei über ein Aufeinandertreffen vor 16 Jahren. Es ist schade, dass bei dem ein oder der anderen der diesbezügliche Respekt inzwischen etwas abhanden gekommen zu sein scheint. Aber das ist in Zeiten, in denen zum Beispiel jeder ungefragt und noch schlimmer: ungefiltert in sozialen Netzwerken seinen Senf zu allem geben kann, ein gesamtgesellschaftliches Problem.

Nicht, dass wir uns falsch verstehen: Der Kontakt zu unseren Fans ist uns unglaublich wichtig, und die allermeisten unserer Zuschauer haben ein feines Gespür für den geeigneten oder ungeeigneten Zeitpunkt. Wir wissen schließlich nur zu gut, dass es alles andere als selbstverständlich war und ist, wenn Menschen ihr Geld dafür ausgeben, uns zu sehen – erst recht in solch unruhigen Zeiten, wie wir sie gerade haben. Und nicht nur das: Während der Corona-Krise, als wir unser Haus über viele Monate hinweg schließen und die Löhne unserer Mitarbeiter aus unseren Altersrücklagen bezahlen mussten, erlebten wir eine ungeahnte Welle der Solidarität. Viele erwarben während der für jeden von uns sehr fordernden Pandemie Gutscheine für Eintrittskarten, von denen man gar nicht wissen konnte, wann diese wieder eingelöst werden durften. Oder sie kauften unsere Fan-Artikel, die wir im Rahmen einer Spendenaktion online versteigerten. Die riesige Bereitschaft, uns auf diese Weise zu helfen, hat uns tief berührt und die Dankbarkeit unserem Publikum gegenüber noch mal verstärkt. Und sie hat uns erst recht angespornt weiterzumachen.

Letzten Endes sind wir trotz einiger sorgenvoller Momente gestärkt aus diesem unvorhersehbaren globalen Wahnsinn hervorgegangen – so wie wir auch einige andere Stürme zusammen überstanden haben. Unter dem Strich aber waren es 40 wunderbare, einzigartige und vor allem: sehr, sehr komische Jahre miteinander. Auch deshalb sind wir uns sicher, dass unsere gemeinsame Geschichte noch lange nicht zu Ende erzählt ist. Natürlich können wir nicht wissen, wie lange uns die Menschen noch sehen wollen oder ob uns das Schicksal – Volker würde sagen: der liebe Gott – womöglich eines Tages einen kleinen oder größeren Strich durch die Rechnung macht. Wir lassen das Ganze einfach mal auf uns zukommen. Wenn Sie uns dabei begleiten, würde uns das sehr freuen. Wir finden nämlich, dass die Zeiten zu ernst sind, als dass man nicht jeden Tag mindestens ein Mal herzlich lachen sollte.

# Kleines Fotoalbum

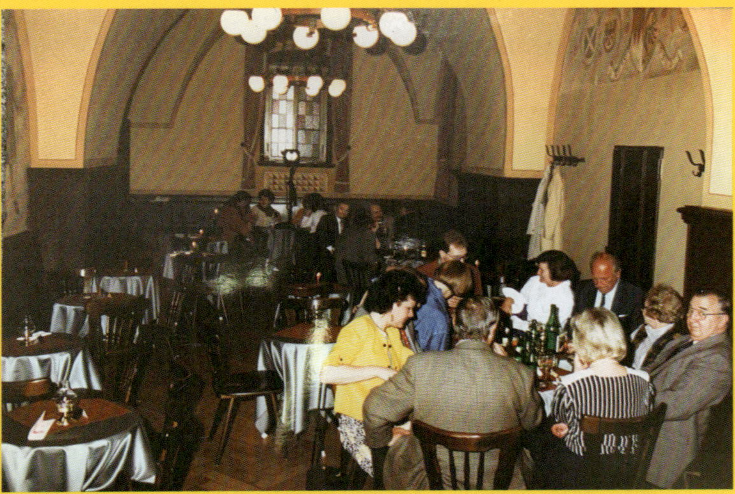

Die frühen Jahre: *Mautkeller* (1991)

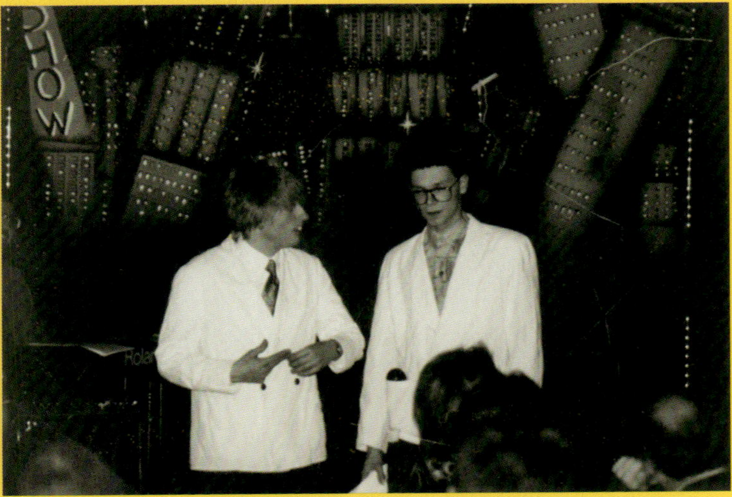


Volker und Martin in der *Heißmann und Rassau Show* (1991)

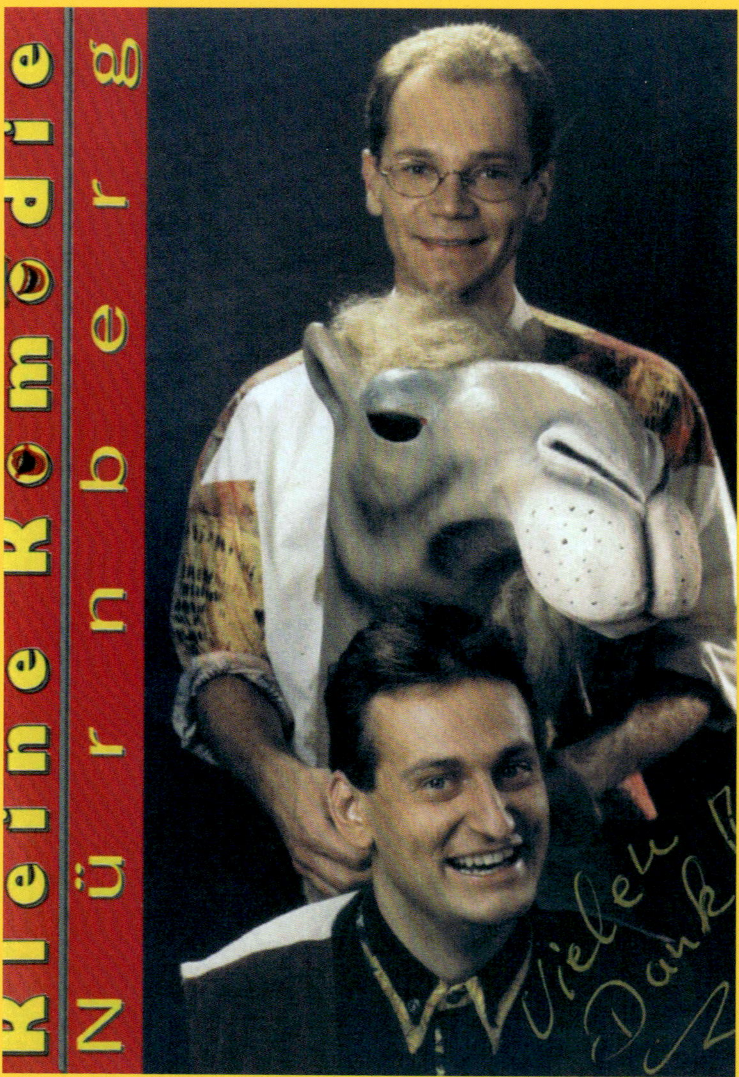


Volker und Martin, *Kleine Komödie Nürnberg* (1995)

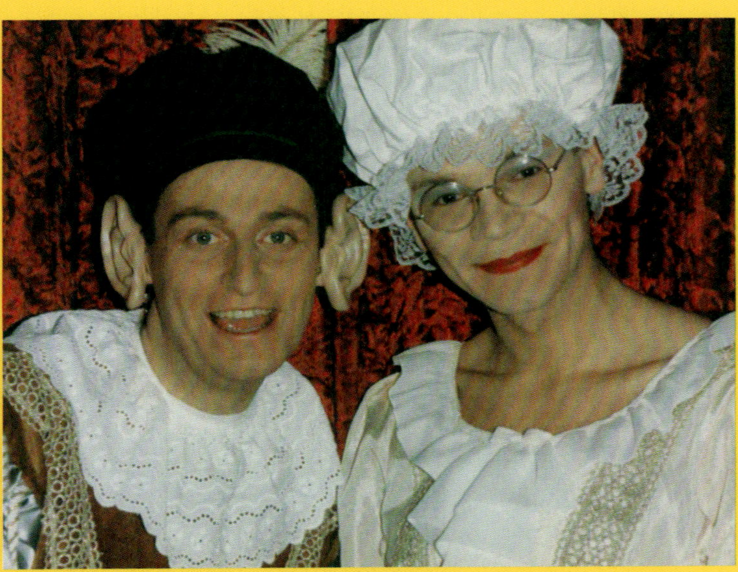

Volker und Martin in der Faschingsparodie *Nämberch wäis stinkt und lacht* (1995)

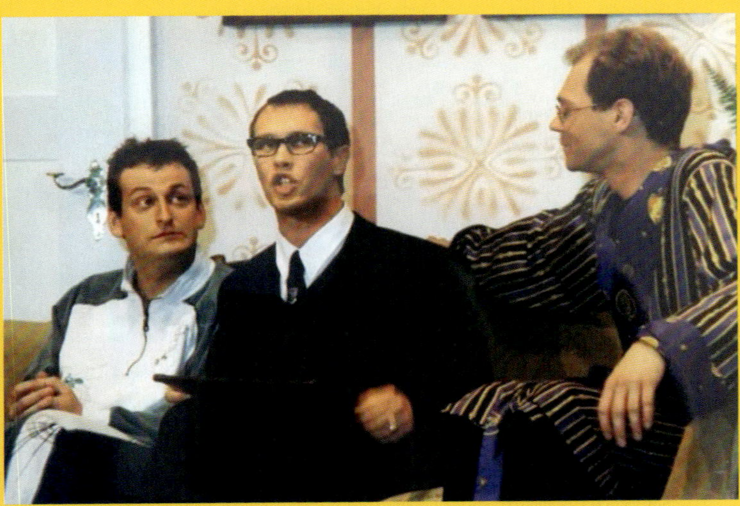

Mit Michael Urban in der Eigenproduktion *Verschollen in Kolumbien* (1995)

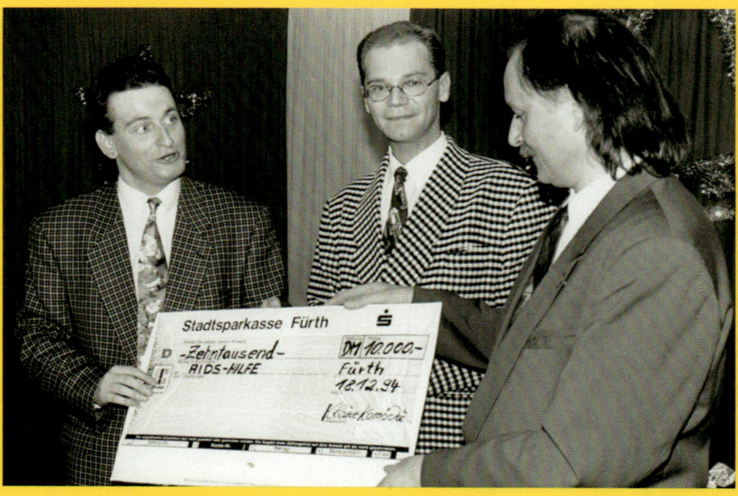


Volker und Martin übergeben einen Spendenscheck an die Aids-Hilfe (1994)

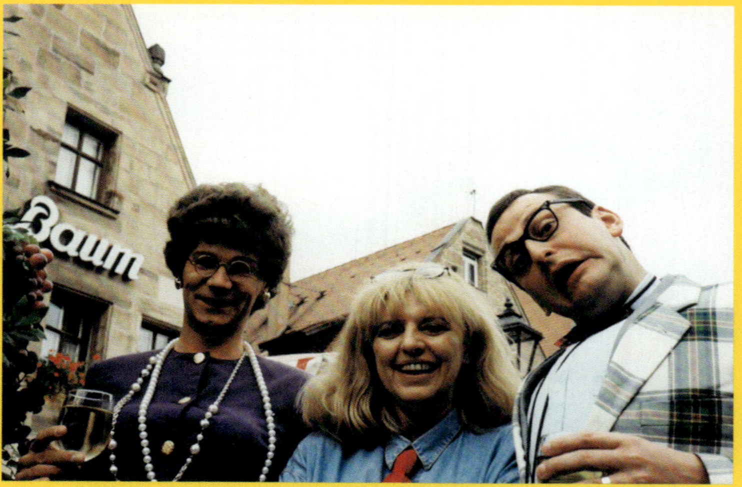


Mit Kult-Wirtin Heidi Sänger vor dem *Grünen Baum* in der Gustavstraße (1996)

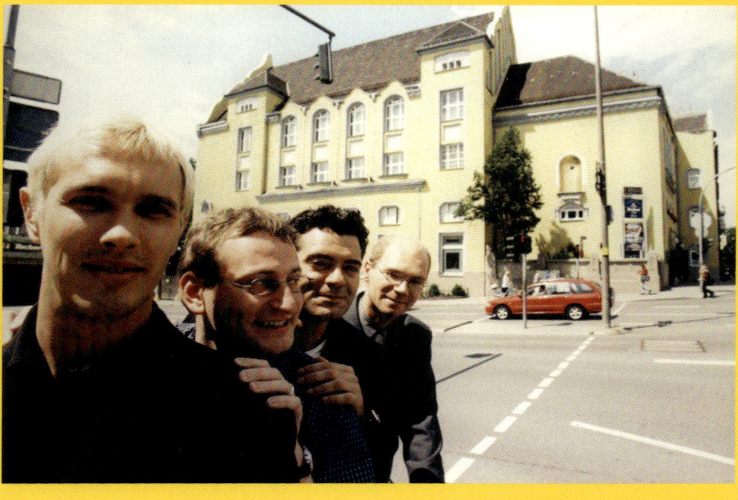

Die Vier von und vor der *Comödie*:
Michael Urban, Volker Heißmann, Marcel Gasde, Martin Rassau (1998)

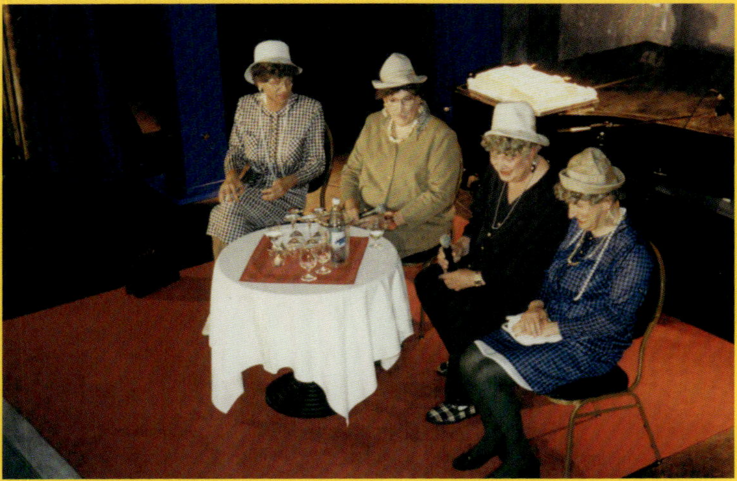

Waltraud und Mariechen mit Fürths OB Wilhelm Wenning und Nürnbergs OB Ludwig Scholz (2. und 3. von links) im Witwen-Kostüm (1998)

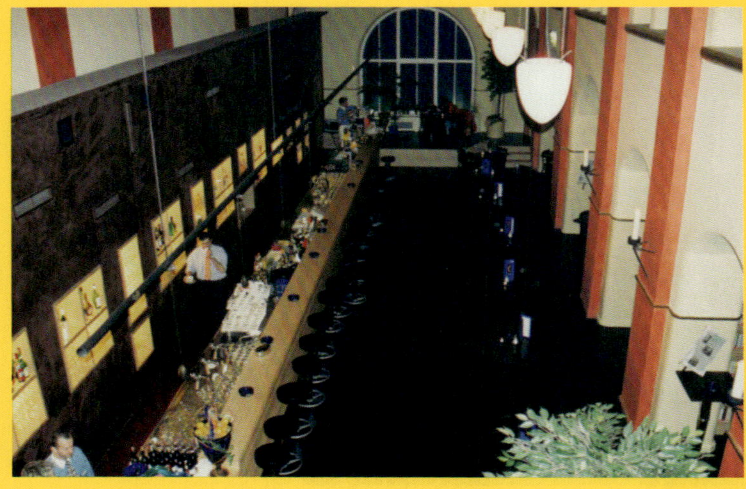

»Der längste Tresen Frankens« (1999)

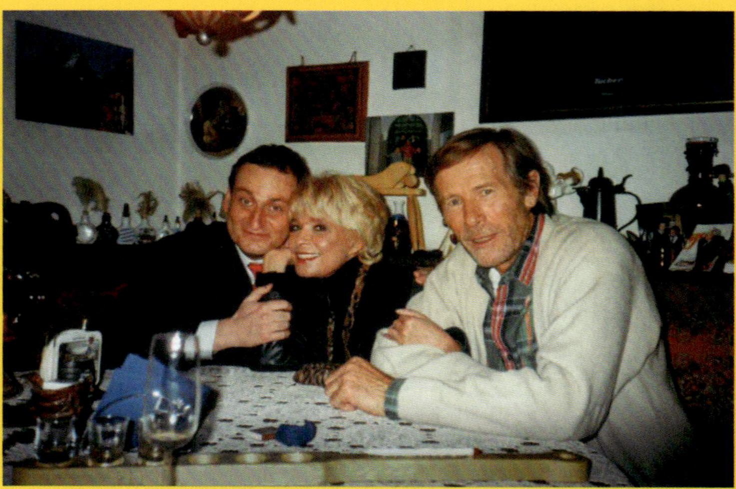

Volker mit Ingrid Steeger und Horst Janson im alten Wohnzimmer von Hausmeister Otto Tröger (2001)

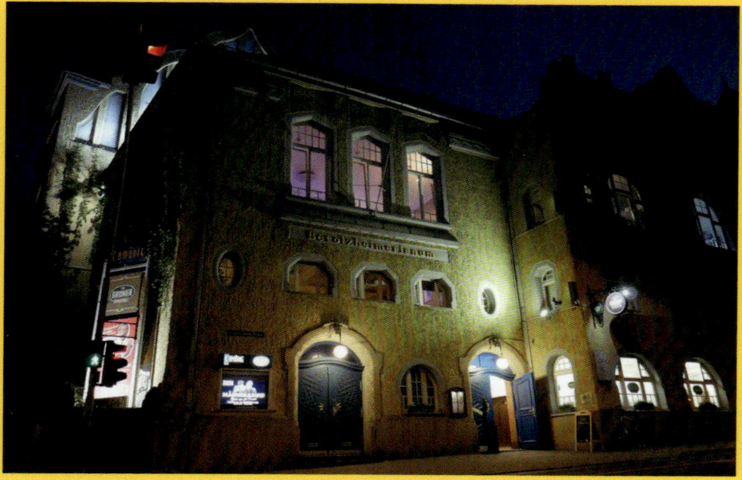

Die *Comödie* (2004)

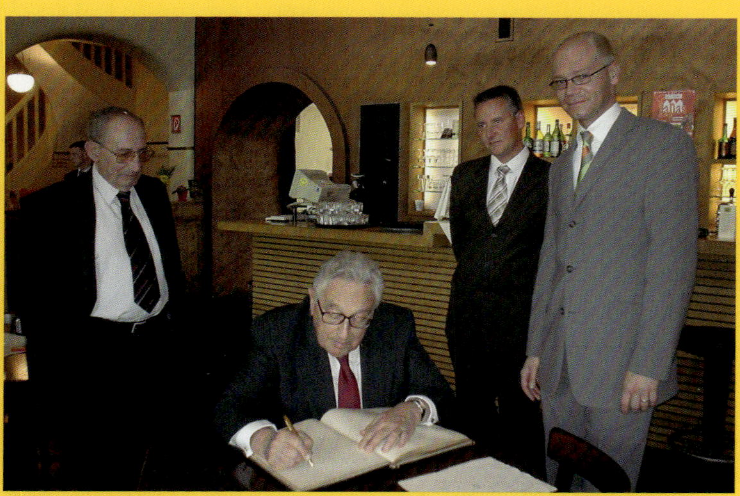

(v.l.n.r.) Henry Kissingers Bruder Walter, Henry Kissinger, OB Thomas Jung, Martin Rassau (2004)

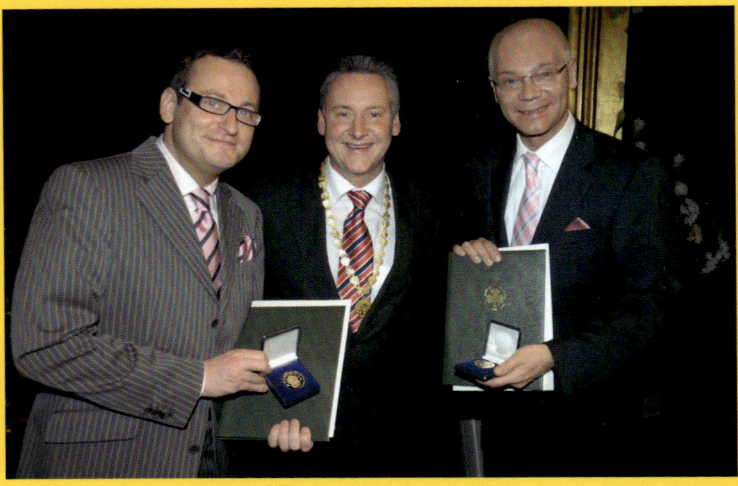

Verleihung der Goldenen Bürgermedaille durch OB Thomas Jung an Martin und Volker (2007)

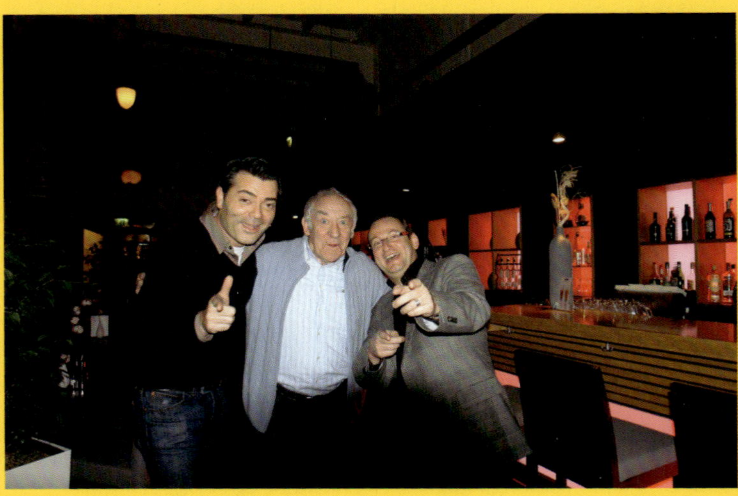

Marcel und Volker mit ihrem Vorbild Didi Hallervorden (2008)

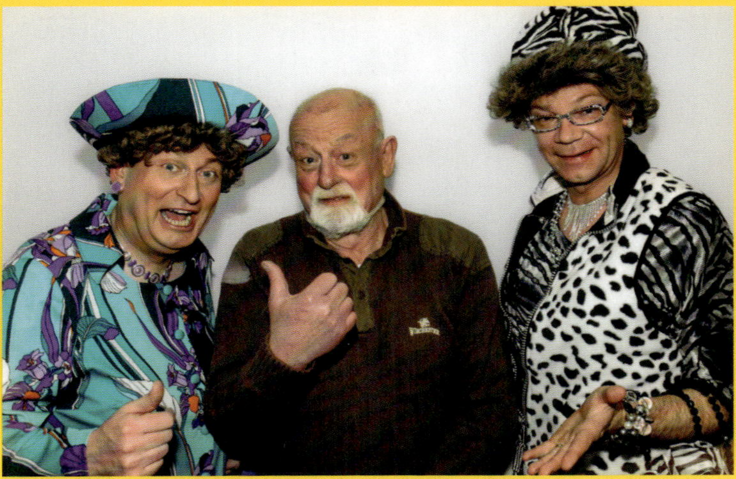

Waltraud und Mariechen mit Roger Whittaker
(2010)

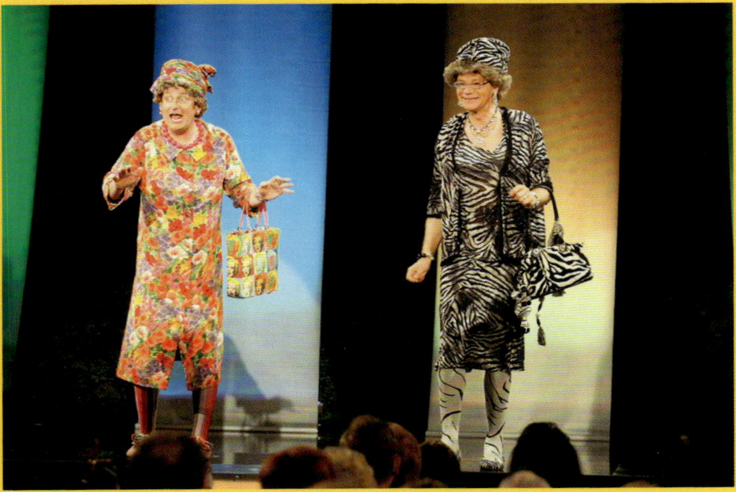

Sketchprogramm mit Waltraud und Mariechen (2010)

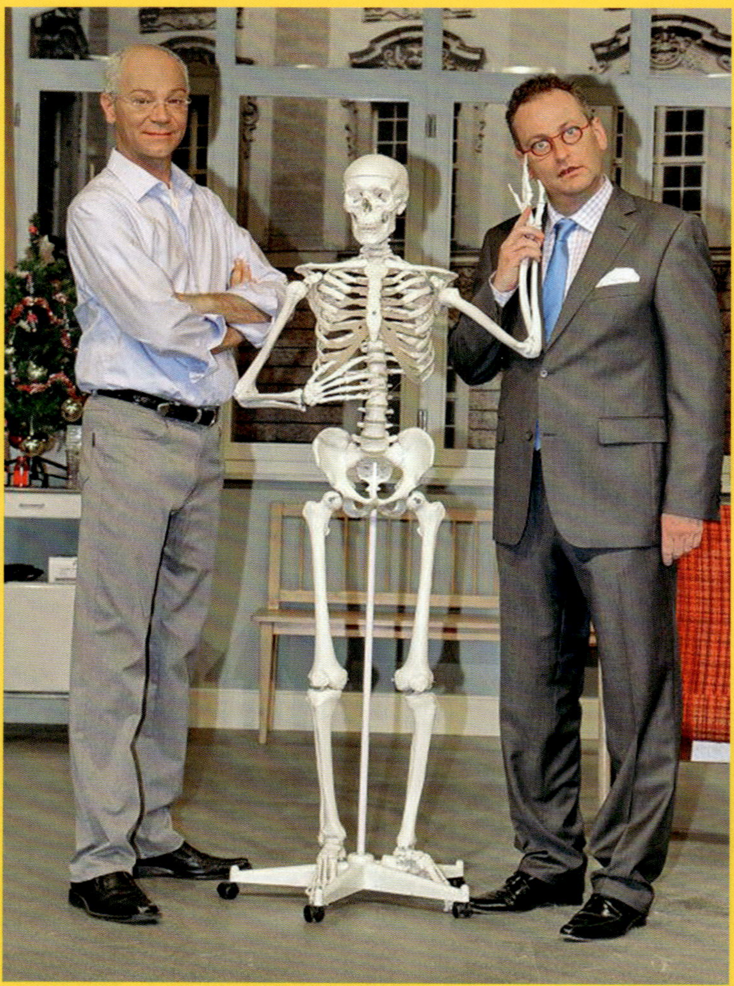

*Alles auf Krankenschein* (2011)

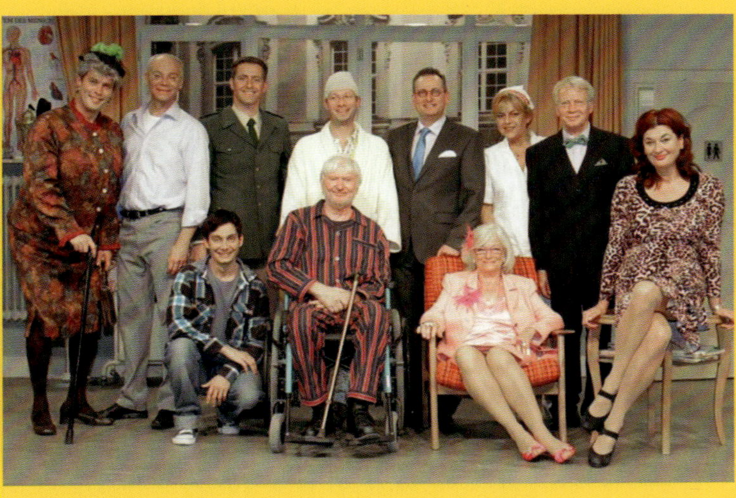

*Alles auf Krankenschein* mit Peer Augustinski und großem Ensemble (2011)

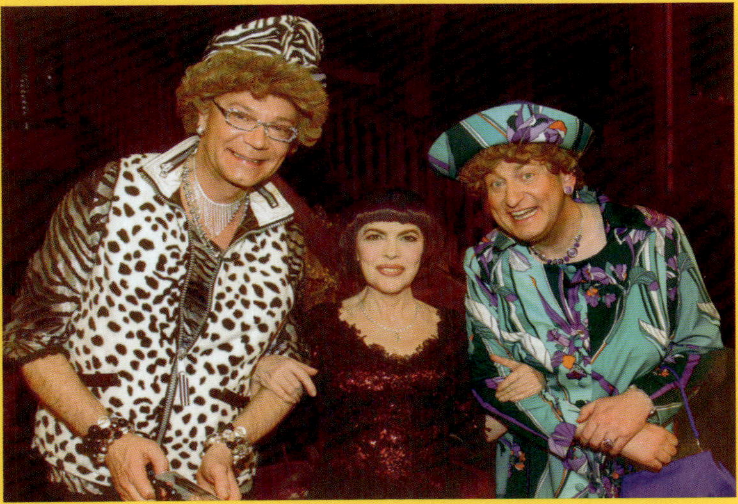

Waltraud und Mariechen mit Mireille Mathieu (2012)

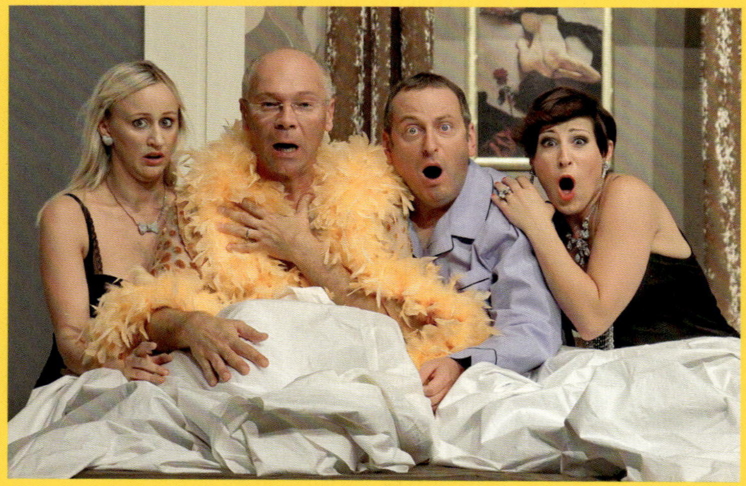

*Bunga Bunga Bavaria* (2012)

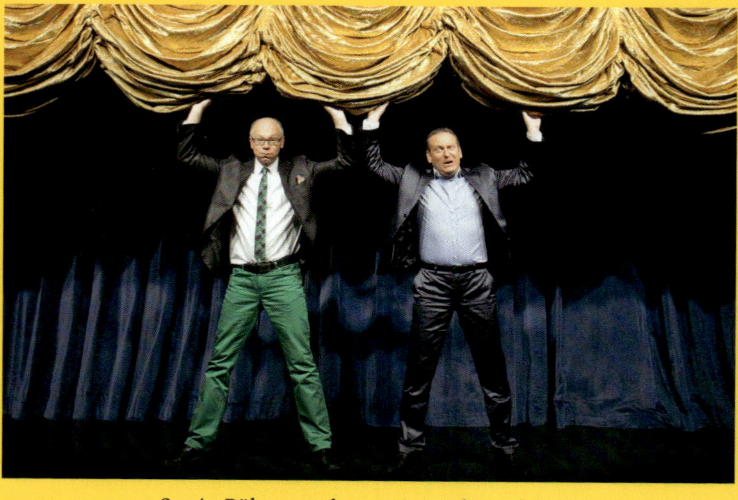

So ein Bühnenvorhang wiegt schwer (2012)

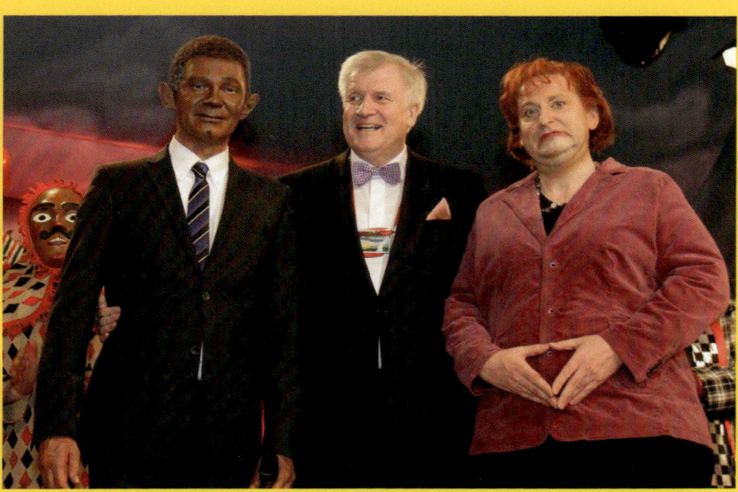

Als Barack Obama und Angela Merkel mit Horst Seehofer bei der *Fastnacht in Franken* in Veitshöchheim (2013)

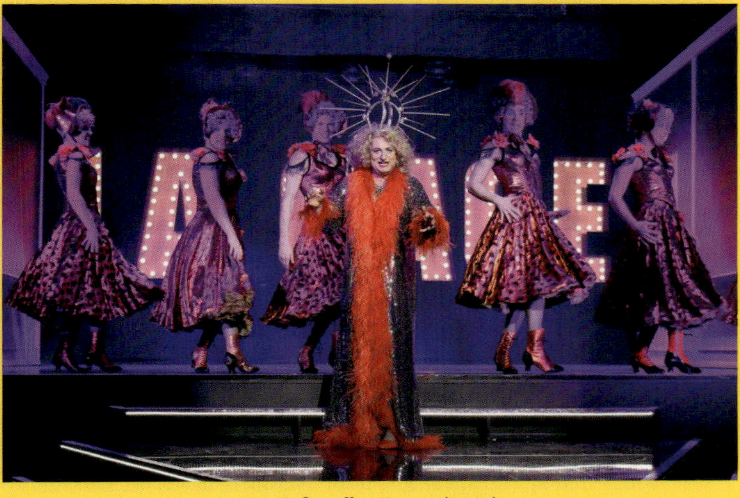

*Ein Käfig voller Narren* (2015)

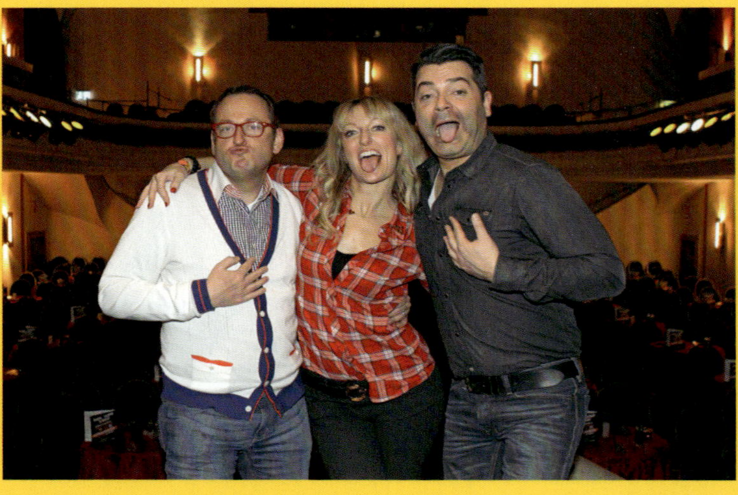

Volker und Marcel mit Monika Gruber bei deren Vorpremiere in der *Comödie* (2016)

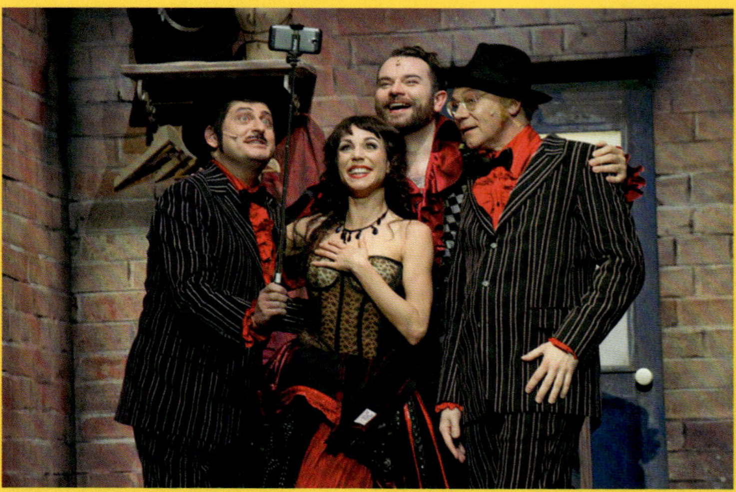

Volker und Martin am Staatstheater Nürnberg in *Kiss me, Kate* (2016)

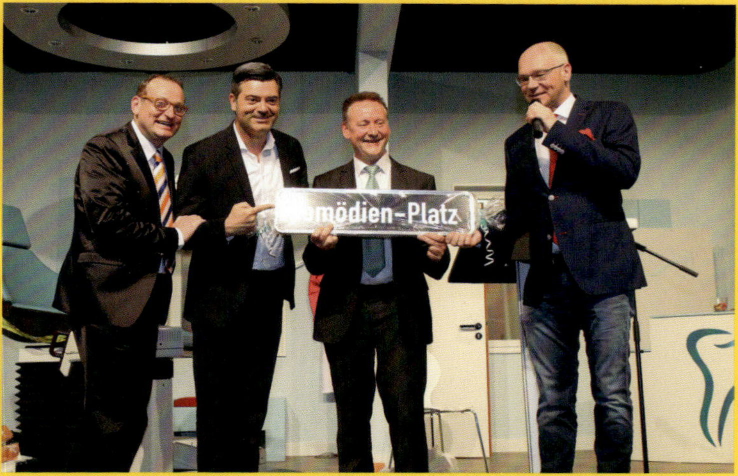

Das Geschenk der Stadt Fürth zum 20. Jubiläum der *Comödie*:
Volker, Marcel Gasde, OB Thomas Jung und Martin (2018)

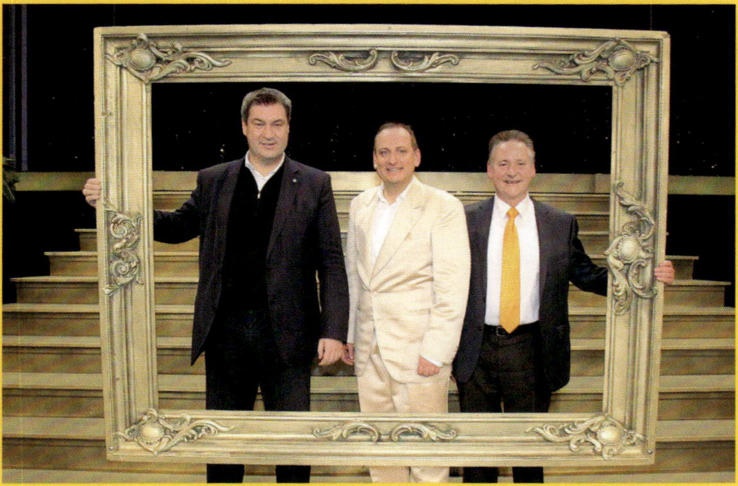

Ministerpräsident Markus Söder und OB Thomas Jung gratulieren Volker
zum 50. Geburtstag (2019)

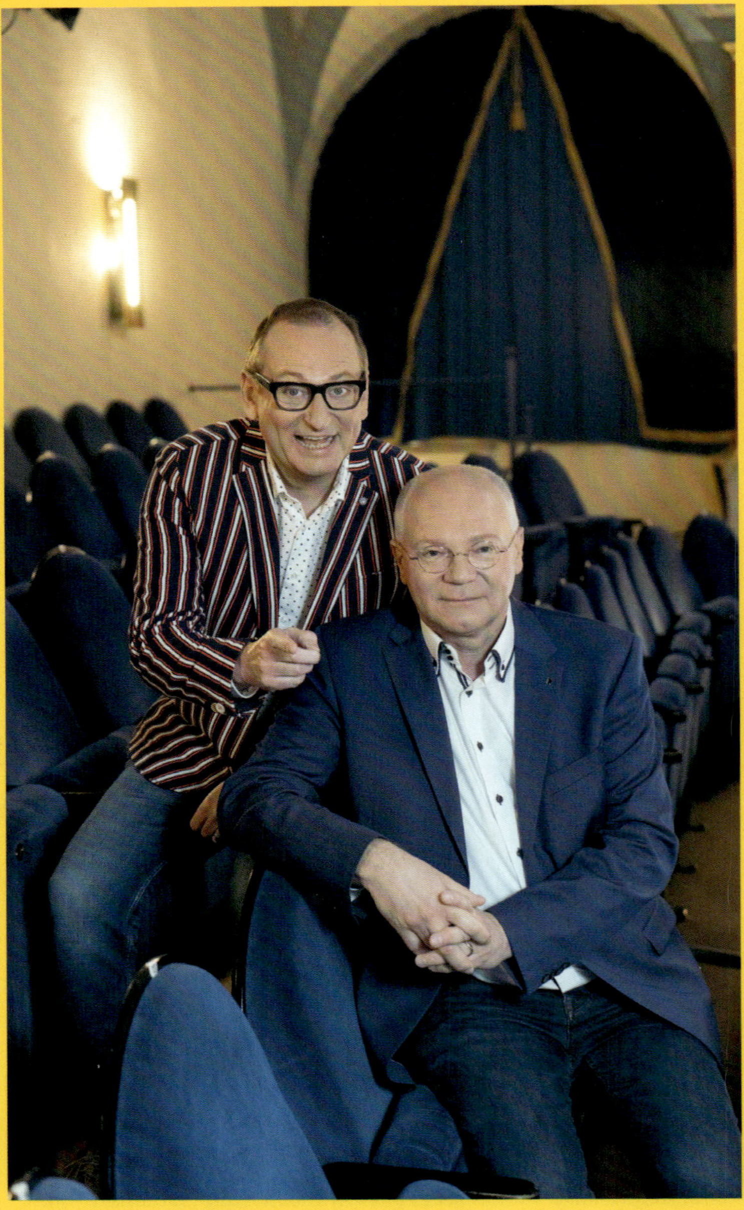

Volker und Martin beim Fotoshooting in der *Comödie* (2023)